中国社会科学院创新工程学术出版资助项目

ANALYSIS OF

CHINA'S MONETARY POLICY EFFECT

BASED ON DSGE MODEL

基于 DSGE 模型的
中国货币政策效应分析

王秀丽　著

社会科学文献出版社
SOCIAL SCIENCES ACADEMIC PRESS (CHINA)

摘　要

20 世纪 30 年代的大萧条使宏观经济学获得了和微观经济学并驾齐驱的地位。宏观经济学研究的领域主要包括经济增长和经济波动。在凯恩斯的一句"长期内我们都会死去"的哲学理念引导下，研究短期经济波动的宏观经济学成为众多经济学家的研究领域。

在研究短期波动的经济学中，计量经济学是经济学家不可或缺的工具。20 世纪 70 年代之前，在凯恩斯理论指导下建立起来的联立方程组模型是宏观经济学进行分析和预测的主要计量经济学工具。由于受现实和理论质疑，宏观经济学的计量工具开始向三个方向发展：第一个方向是时间序列模型，这类模型完全放弃理论约束，仅从让数据说话的理念出发，研究变量自身或者变量与变量之间的动态依存关系，用以分析和预测；第二个方向是继续完善和修正联立方程组模型，以满足现实和理论需要；第三个方向是在新古典增长理论基础上发展而来的 DSGE 模型。建立在新古典增长理论基础上的 DSGE 模型有着坚实的理论基础：其不同于时间序列模型和联立方程组模型，容纳了市场参与者理性假定的前提。与分析长期增长的新古典增长模型互补：DSGE 模型因为包含了短期不确定性而分析短期波动因素，进而填补了新古典理论在分析短期波动方面的空白。另外，和新古典增长模型一样，DSGE 模型是建立在无限期界或世代交叠模型基础之上，可以进而研究经济中的动态特征。

由于 2008 年次贷危机的爆发，国际国内形势仍然面临较大不确定性，加之中国利率市场化成效初步显现。在这样背景下，研究货币政策具有很强的现实意义。但是目前国内文献将视角较多放在中国货币政策体系的建设和发展，以及中国货币政策规则等理论问题上，对于如何评价一种货币政策是否可取、在备选的几种货币政策中采取何种货币政策，国内文献论证尚不充分。本书立足中国实际，运用 DSGE 模型分析中国近年来经济波动根源，评估货币政策效果，并运用情景分析方法模拟若干宏观经济政策效应，重点在于引进 DSGE 模型这个重要工具，以评估不同的经济政策。本书主要贡献在于以下几方面。

首先，本书详细梳理了 DSGE 模型的发展脉络和发展现状，为今后有志于使用该模型进行研究的人员提供了有益的补充资料。本书在梳理 DSGE 模型相关文献时以五个脉络展开。第一个脉络是介绍 DSGE 模型的理论渊源，将 DSGE 模型的发展置于历史高度，从发展角度看待 DSGE 模型。第二个脉络是介绍 DSGE 模型特色——波动性根源，在 DSGE 模型中波动是将不确定理论合理镶嵌进来的有益创新。第三个脉络是介绍当今世界各国中央银行应用 DSGE 模型的现状，通过这些介绍，可以看出 DSGE 模型已经成为众多中央银行不可或缺的工具之一。作为一种重要的实证工具，如何将理论模型应用于实证分析也是众多研究者所关心的问题之一。第四个脉络就是介绍 DSGE 模型计量方法的发展。第五个脉络是介绍 DSGE 模型在我国的研究和应用现状。除了 DSGE 模型本身的文献梳理之外，本书围绕货币政策的四个主要议题也展开了文献梳理：一是货币政策的独立性；二是货币政策的中介目标的选择；三是基于规则和基于相机抉择的货币政策孰优孰劣；四是财政政策和货币政策协同问题。

其次，本书详细介绍了 DSGE 模型的实现过程，从模型中行为主体的设定到模型非线性差分系统的建立，从模型的稳态求解到模型的线性化对于数据和模型的匹配问题，本书详细介绍了数据的季节调整、去势以及差分过程。最后还介绍了估计模型的两种重要方法——校准方法与贝叶斯估计方法，这部分内容是本研究第二章和第三章的主要研究内容。

最后，实证研究是本书的主要创新点。本书用四章做了四方面的模拟研究：一是外汇结售汇制度下，货币政策的非独立性表现；二是实施价格型货币政策和数量型货币政策的比较；三是货币政策和财政政策存在协同效应和不存在协同效应的比较；四是假定中国的信息收集技术水平大大提高，货币政策直接对波动源进行反应以克服政策本身的滞后性，是否会保持经济更为稳定的运行。基于第四个模拟分析，本书提出一种新的货币政策制定方案——针对不同波动源的相机抉择货币政策方案。引起经济波动的根源很多，针对不同类型的波动源，货币政策部门应当采取不同应对方案。本书模拟了来自技术创新导致的波动和来自流动性偏好带来的波动，比较了传统货币政策规则和相机抉择货币政策规则的经济效益，提出了货币政策制定当局应如何应对不同波动源带来的波动。该方案的实施需要中央银行高效的信息搜集能力，而这种能力随着未来网络技术的发展，将日趋提高。

关键词：DSGE 模型　政策模拟　货币政策效应

Abstract

After the " Great Recession " in the 1930th, the macroeconomics was on a par with the microeconomics. The research field of macroeconomics included economic growth and economic fluctuation. Keynes said that in the long term we would all dye, which directed many economics focus on the economic fluctuation in a short run.

Meanwhile the economitrics became a workhorse for the economic fluctuation research. Before the 1970th, the Simultaneous equation models were the main tool for the analysis and forecast in the macroeconomics, but the challenge form the reality and thoery in the 1970th, the economitrics followed three directions. One direction was the time series models which gave up constrains of theory and focused on the dynamic dependence in and between the variables in the term of " let the data speak ". The second direction was improving and devising the Simultaneous equation models and made them more reality and fit into the theory. The last direction was building the DSGE model, which based on the new classical growth model. Compared with time series models and Simultaneous equation models, the DSGE models had the strong theoretical foundation which based on the new classical growth model and the assumption of rationality. Complementary to the analysis of long-term growth of the neoclassical growth model, the DSGE model contains the short-term uncertainty and can analyse short-term fluctuations. In addition to that, the same as the neo-classical growth model, the DSGE model was based on the overlap generation model or in an indefinite community model, which in turn, can study the dynamic characteristics of the economy.

On the background talked above, the thesis on the monetary policy has great practical significancy. The literature focus on the subthesis on how to build the monetary policy, which trend the policy will direct, what rule the central bank followed, few literature investigate how to evaluate the monetary policy and which policy will be fitter than other in DSGE framework. Based on the reality of China, this paper simulate some questions used the DSGE model and analysis the economy effect of some special monetary policy.

One contribution of this paper is that this paper investigate many literature on the DSGE modeling and classified them into 5 kinds: the first literature were the theoretical origin of DSGE modeling, which tell the read in the historical perspective. The second kind of literature was talked about the reason why the economy will fluctuate which was the main feature of DSGE models. The third were about the application of the DSGE models in many countries' central bank. The forth were about the development of how estimate the DSGE models. The last kind briefly introduced the domestic research on this topic.

Another contribution of this paper is to introduce the process of how to use the DSGE models-from the setup of participant's behavior to buildup of the nonlinear differential system, from the solaving the steady state to the model linearliziton. Addition to that, this paper introduce how to match the model and data and also suggestion how to estimate the models.

Keywords: DSGE Model; Policy Simulation; Monetary Policy Effect

目　录

引　言

一国的货币政策指导理念与理论发展密不可分，但是理论的进步和制度不总是协调一致的。货币政策不能促进经济发展，只能为经济保驾护航。这被西方发达国家意识到的时候，货币政策的关注点就开始集中在短期波动上。研究短期波动的工具很多，而 DSGE 模型因为其有效分离短期周期波动而得到众多中央银行的追捧。本书将 DSGE 模型运用到货币政策评估方面，以科学、客观的视角评估若干备选方案的经济效应。

第一节　现实意义

2008 年国际金融危机爆发，曾经近乎神话的格林斯潘成了众矢之的。这场由美国开始，迅速遍及全球的金融危机，再次向世界证实金融领域对实体经济所起的作用不可小觑。格林斯潘在位期间所实施的低利率政策成就了其在位 20 多年的名誉，但是退休后却被冠以"泡沫先生"。不恰当的货币政策导致的危机可能比一场地震更为恐怖。如果将宏观经济研究大致分为经济增长和经济波动两个范畴的话，经济危机很大程度可以看作一种经济波动现象，因为现存的技术和资本以及劳动在危机前后没有发生改变，但是产出却大幅度减少。

将经济危机作为短期波动而不是增长来研究有很多理论和实证上的优点。首先，我们可以暂时忽略经济增长的很多因素，把注意力集中在影响经济运行的短期因素上；其次，在实证研究中，我们会将经济增长趋势通过各种滤波滤掉，仅保留波动因素，由于前人的卓越贡献，这方面实现起来并不困难，具体介绍见书中第三章的相关介绍。

改革开放以来，中国货币政策已经从直接干预的货币政策体系转型为间接干预的现代中央货币体系。在这个转型过程中，中央银行实施货币政策的利率体系也已经逐步建立健全，再贴现利率、存款准备金利率、银行存贷款利率已经成为中央银行实施货币政策的最重要工具，公开市场业务也成为中国人民银行的主要政策工具之一。相对于国外央行而言，在中国基准利率依然是中国人民银行设置的，但是随着 2007 年 1 月 4 日上海银行间同业拆放利率（以下简称 SHIBOR）的开放，利率体系的市场化指日可待。

在以上国际国内背景下，研究货币政策主题具有很强的现实意义。但是目前国内文献将较多的研究视角放在中国货币政策体系的建设和发展以及中国货币政策规则问题等理论方面。对于如何评价一种货币政策是否可取，在备选的几种货币政策中采取何种货币政策，国内文献较少研究。本书立足于中国实际，运用 DSGE 模型分析中国近年来经济波动的根源，评估近年来货币政策效果，并运用情景模拟方法模拟几种货币政策。本书的重点在于引进 DSGE 模型这一重要工具，以评估不同货币政策效果。涉及货币政策必然讨论的问题是货币政策目标和货币政策传导机制，以及货币政策实施工具问题。

第二节　研究方法

本书使用动态随机一般均衡模型（Dynamic Stochastic General

Equilibrium，DSGE）模拟中国货币政策效应。相对于局部均衡而言，偏爱于一般均衡的经济学家通常将经济简化为理想环境下的一般均衡模型，进而使用这个理想化的模型进行研究。最简单的，且抓住经济核心的一般均衡模型是社会计划者模型。在这个模型中，存在一个无限期的代表性居民，居民进行日常经济活动：消费、储蓄、生产。代表性居民为使其生命周期内的效用最大化，会在消费之余进行投资，形成资本，通过资本和居民的劳动，进而就有了可供消费的商品。在每一个完整的阶段都有产出等于消费加投资，劳动力市场、资本市场以及商品市场处于出清状态。在这样一个简单环境里，有一个消费者、一个生产者。然而随着研究问题的扩大，经济学家会将这个简单的模型拓展至包含政府部门（如货币政策制定部门）的、更为接近现实的、较为大型的一般均衡模型。

　　本书的研究思路是当存在几种备选政策时，在较为成熟的 DSGE 模型中，不同的货币政策会对经济产生怎样的影响，通过权衡经济效应来比较分析哪种政策更为可取。

　　作为一个重要的实证工具，DSGE 模型有一套自身计算程序，大致说来可以分为三个步骤：第一个步骤是模型的建立与求解；第二个步骤是数据的处理；第三个步骤是模型与数据的匹配。完成以上三个步骤，DSGE 模型就可以进行实证分析了。而模型的建立和求解过程又可以分成四个子步骤：先根据模型主体的行为方程、行为主体所处的环境以及不确定环境构建出一个非线性差分系统；接下来，进行稳态赋值，以得到静态参数值；紧接着是将系统线性化（随着数值算法的进步，已经实现在非线性系统里模拟分析）；最后是对已经线性化的系统进行求解，以满足估计的准备步骤。对数据处理而言，本书主要研究经济波动，对于季节性因素和长期增长引起的数据的季节性变化和增长需要进行处理，以满足研究需要。为了和线性差分系统相匹配还需要对数据进行对数差分，以满足和模型的匹配。

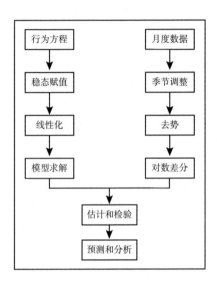

图 1　DSGE 模型的实施步骤

对模型估计而言，最早对模型进行估计是使用校准方法，这种方法已融合到模型的稳态赋值中。然而当数据不可得，线性差分系统过于庞大时，使用微观数据对模型校准也是研究者常用的方法。随着 DSGE 模型的发展，研究者也是用矩估计、最大似然估计等方法得到模型的参数。而近十年来，贝叶斯方法逐渐受到众多 DSGE 建模者的青睐。

第三节　结构安排

本书章节设置如下，第一章是选题背景与文献综述。选题背景意在指出当前中国金融体系的特点：其一，中国目前是一个以银行主导型的间接融资为主的经济体，这与本书选择的 CMR 模型的特点有较强的一致性；其二，中国正处于转轨时期，具体到货币金融领域，则需要回答为什么要转轨；对于货币政策而言，过去的政策目标和政策手段正在被新的政策目标和政策手段所取代，则需要回答新目标和过去的目标有何不同，政策手段借以实施的机构和传导机制是否成熟、是否能达成目标等问题。这一部分将部分回答这些问题，同时引出使用 DSGE 模型的现实意义。文献综述主要介绍两部分文献内容：一是简要介绍 DSGE 模型发展状况；二是总结国际上对货币政策的认识，为分析和评估财政货币政策做文献铺垫。关于 DSGE 模型的发展，大致可以分为理论和应用发展两部分。理论部分包括 DSGE 模型的理论渊源，DSGE 模型的研究内容以及计量工具的发展，而应用发展部分简单介绍了 DSGE 模型的应用现状。

第二章描述一个和现实较为接近的模型——CMR 模型。本书使用的 DSGE 模型是基于 Christiano、Motto 和 Rostagno（2002）（以下简称 CMR）所描绘的理论框架、运用中国数据进行模拟的实证分析模型。CMR 模型有效融合了现代货币经济学主要理论新成果，如金融加速器理论、内部货币和外部货币理论、价格黏性理论等，这些理论的发展有助于理解现实经济的运行，同时也为分析和评价货币政策提供理论依据。

第三章简单介绍了模型求解方法、稳态求解的具体实施方案、线性化过程，以及数据处理，等等，这一章将介绍一个简单的模型以演示以上方法的具体运用。这个例子在第四章第一节中将被用于比较数量型和价格型货币政策的差异。

第四章至第七章是本书核心内容，将模拟分析不同的货币政策选择。本部分主要探讨四个问题，第一个问题是针对中国当前结售汇制度对货币政策实施造成的经济影响进行模拟分析；第二个问题是实施价格型货币政策和数量型货币政策对经济会产生什么效应；第三个问题是假定中国的信息收集技术水平大大提高，货币政策直接对波动源进行反应进而克服政策本身的滞后性后，是否会保持经济更为稳定运行；第四个问题是如果货币政策和财政政策存在协同效应，会对经济产生怎样的结果。

第八章是本书的结论、政策建议以及需要进一步研究和探讨的问题。第一节总结本书的主要结论，认为当前货币政策面临的主要背景是中国的货币环境面临从一个角点解到另一个角点解的过渡，这个过程中货币政策工具选择、货币政策操作原则以及与财政政策的协调都面临调整。第二节提出相应的政策建议，认为随着中国对内改革和对外开放的深化，中国货币政策实施环境不断变化，未来中国政府当确定货币政策改革目标、明确改革方向；且需要把握好改革的节奏和力度，毕竟中国的货币政策传导机制有待疏通，当前的任务是对外继续深化外汇管理体制改革，逐步取消强制性外汇结售汇制度，进一步放松资本管制；对内则需理顺、明确货币政策实施原则，尝试价格型货币政策工具，加强财政货币政策协调以及完善金融体系疏通货币政策传导机制。第三节汇总了本研究的创新点和有待进一步研究的问题。

第四节　主要贡献

本书详细梳理了 DSGE 模型的发展脉络和发展现状，为今后有志于使用该模型进行研究的人员提供了有益的补充资料。本书在梳理 DSGE 模型的文献综述时以五个脉络展开。第一个脉络是介绍 DSGE 模型的理论渊源，将 DSGE 模型的发展置于历史高度，有益于读者从发展角度看待 DSGE 模型。第二个脉络是介绍 DSGE 模型的特色——波动性的根源，DSGE 模型中波动是将不确定理论合理地镶嵌进来的伟大创新。第三个脉络是介绍当今世界上各国中央银行应用 DSGE 模型的现状，通过这些介绍，可以看出 DSGE 模型已经成为众多央行不可或缺的工具之一。作为一种重要的实证工具，如何将理论模型应用于实证分析也是众多研究者所关心的问题之一。第四个脉络就是介绍 DSGE 模型计量方法的发展。第五个脉络就是介绍 DSGE 模型在我国的研究和应用现状。

针对不同经济哲学，货币政策发展出很多不同理论。伯南克说货币政策的效果一般而言是 1% 的贡献在于一个好的货币政策目标，而99% 的效果则取决于货币政策的实施方面。本文的文献综述将梳理货币政策实施过程中遇到的一个重要问题即央行独立性问题，这个问题直接影响中央银行政策实施效果；另外，货币政策操作原则、货币政策操作工具等与货币政策实施有关的现实问题，也是本次文献梳理的重点。

另外，本书详细介绍了 DSGE 模型的实施过程，从模型中行为主体的设定到模型非线性差分系统的建立，从模型的稳态求解到模型的线性化。对于数据和模型的匹配问题，本书详细介绍了数据的季节调整、去势以及差分过程。最后介绍了估计模型的两种重要方法——校准和贝叶斯估计。

实证研究是主要内容，主要模拟和分析了货币政策制定中所遇到的四个方面问题。第一，在外汇结售汇制度下，国际收支顺差如何影响国内经济表现。第二，比较价格型货币政策和数量型货币政策表现，探讨选择什么样的工具对经济的正效应更强。第三，探讨相机抉择的货币政策和基于规则的货币政策在应对波动时的经济表现。引起经济波动的根源很多，针对不同类型波动源，货币政策部门应当采取不同应对方案。本书对技术创新导致的波动和流动性偏好带来的波动进行模拟，比较传统的货币政策规则和相机抉择的货币政策规则的经济效益，提出货币政策制定当局应该如何应对不同波动源带来的波动。该方案的实施需要中央银行高效的信息搜集能力，而这种能力随着网络技术的发展，有存在的可能。第四，货币政策和财政政策存在协同效应和不存在协同效应的比较，探讨了中国当前财政政策主导的情况下，货币政策发挥作用的余地和空间。

第一章　选题背景与文献综述

改革开放以来，中国逐渐从计划经济转轨至市场经济，整个经济体不断进行制度改革和政策调整，货币制度和货币政策乃至整个金融制度亦然。经过多年的市场化改革，中国拥有了比肩世界强国的金融资产规模，成绩斐然。与此同时，货币制度改革进入深水区，众多问题亟待解决：随着资本项目的逐渐开放，要想保持独立的货币政策，固定汇率制度难以为继，那么，当前的货币政策影响几何；货币发行体制的调整伴随着操作目标、调整原则和操作工具的调整，规则还是相机抉择，数量型还是价格型；对于财政政策主导的经济体，货币政策独立还是协同。本章第一节从货币政策的独立性谈起，继而探讨中国金融体系的主要特点，并引出本书主要探讨的问题。中国金融体系显著的特点是中国的融资体制是银行主导型的间接融资体制，这种金融结构与当前流行的货币政策工具金融加速器模型和 CMR 不谋而合，两种模型都是 DSGE 模型库里的主要工具。第二节主要梳理了与 DSGE 模型发展相关的理论和实践文献。第三节则针对第一节提出的问题梳理了当前国内外的相关观点和看法。

第一节　选题背景和问题提出

"三元冲突"理论告诉我们，独立的货币政策、固定汇率制度和资本项目可兑换三者不能同时存在。随着中国改革开放的深入以及加入 WTO，资本项目管制已经越来越松动，为了保持独立的货币政策，中国的汇率制度尝试从固定汇率制向浮动汇率制转变，2005 年是标志性的一年，这一年将 1994 年实际上盯住美元的固定汇率制改成盯住一篮子货币的汇率制度。与此同时，中国形成了一个社会融资规模高达 174.71 万亿人民币的银行主导型投融资体系，以及以财政政策调整为主的宏观调整体系。在这样的背景下，中国货币制度和货币政策该如何选择是一个亟待解决的问题。本书将选取几个点进行探讨，以期为面临的困难提供参考。

1. 汇率制度安排和货币政策的独立性

根据蒙代尔三角理论，独立的货币政策、固定汇率制度和资本项目可兑换三者不能同时存在，也就是国际经济学里著名的"三元冲突"理论（见图 1-1）。角点解为：①浮动汇率制度安排（货币政策独立、浮动汇率制度和资本项目可兑换）；②硬盯住汇率制度安排（货币政策不独立、固定汇率制度、资本项目可兑换）；③资本控制的汇率制度安排（货币政策独立、汇率可以稳定在合意的任何位置、资本控制）。这意味着如果实施固定汇率制度，要么放弃货币政策的

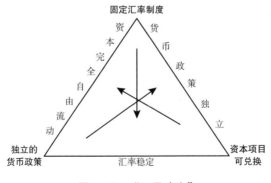

图 1-1 "三元冲突"

注：根据蒙代尔理论和易纲（2009）整理得来。

独立性，要么实施资本控制。

1994 年中国汇率制度实际上是一种盯住美元的固定汇率制度，随着国际形势的发展，这一汇率制度难以为继，2005 年开始实施盯住一篮子货币的固定汇率制度，依旧是固定汇率制度的一种。所以在固定汇率制度下，要想获得货币政策的独立性，需要资本项目管制的配合。然而，资本项目管制既不符合中国加入 WTO 的承诺，又不符合中国改革开放的初衷；合格境外机构投资者和合格境内机构投资者业务范围和规模的扩大，势必影响资本项目控制水平。尽管资本项目尚处于可控范围，但中国国际贸易规模的扩大，中国国际收支不平衡现象的出现，已经影响了中国货币政策的独立性。对比 2000 年与 2017 年中国人民银行资产负债表，可以印证：长期的国际收支账户不平衡，导致中国人民银行资产负债表中的资产端外汇占款常年居高不下，且增长趋势显著。2017 年底，中国人民银行的资产负债规模已从 2000 年底的 3.94 万亿元扩大到 36.29 万亿元。从资产端看，国外资产从 2000 年的 1.56 万亿元扩大到 2017 年的 22.12 万亿元，总资产占比则从 2000 年的 39.55% 提高到 2017 年的 60.94%，其中外汇从 1.48 万亿元扩大到 21.48 万亿元。在固定汇率制度下，随着外汇占总资产比重的提高，中国人民银行货币政策的空间越来越小，而货币政策的独立性也就越来越差。

如果资本项目可自由兑换，居民或者企业将外汇投资海外项目，从而不影响中央银行的货币发行制度；但是当前中国尚不具备完全放开资本项目的条件，大量的外汇通过外汇结售汇制度进入中国人民银行的资产端，从而被动发行了货币，客观上已经影响了货币政策的独立性。资本项目的不可兑换以及外汇结售汇制度的存在，导致的一个直接结果是流动性过剩。为避免恶性通货膨胀的发生及其造成的市场交易成本提高，影响产出和社会福利，中国人民银行不得不实施各种政策工具以稀释经济中的流动性。比如，发行央行票据、提高利率以及提高存款准备金率。中国人民银行的资产负债表显示 2017 年其他存款性公司存款高达 24.38 万亿元，占总负债的 67.18%，而 2000 年规模仅为 1.60 万亿元，占比仅为 40.66%。意味着存款准备金这一政策工具成为主要的吸收过量流动性的工具。由此引出两个问题：一是为什么银行存款准备金成为当前最重要的吸纳流动性的政策工具；二是资本项目不可兑换以及外汇结售汇制度的存在如何影响经济体。

表 1-1 中国人民银行资产负债表 (2000 年 VS 2017 年)

单位：%

资产	2017 年	2000 年	负债	2017 年	2000 年
国外资产	60.94	39.55	储备货币	88.69	92.63
外汇	59.18	37.60	货币发行	21.24	40.46
货币黄金	0.70	0.03	其他存款性公司存款	67.18	40.66
其他国外资产	1.06	1.92	非金融机构存款	0.27	11.51
对政府债权	4.21	4.02	不计入储备货币的金融性公司存款	1.38	
其中:中央政府	4.21		发行债券	0.00	0.00
对其他存款性公司债权	28.17	34.32	国外负债	0.24	
对其他金融性公司债权	1.65	21.83	政府存款	7.89	7.87
对非金融性部门债权	0.03	0.28	自有资金	0.06	0.91
其他资产	5.01		其他负债	1.74	-1.40
总资产	100.00	100.00	总负债	100.00	100.00

资料来源：中国人民银行网站。

本研究尝试用 DSGE 模型回答第二个问题，下面先从历史演化的角度回答第二个问题。

2. 银行主导型经济体下货币政策的选择

之所以如此依赖于存款准备金这一政策工具，是因为中国是银行主导型的投融资体制（林毅夫、姜烨，2006）。2017 年底社会融资规模已达 174.71 万亿元，而银行直接参与的间接融资包括人民币贷款、

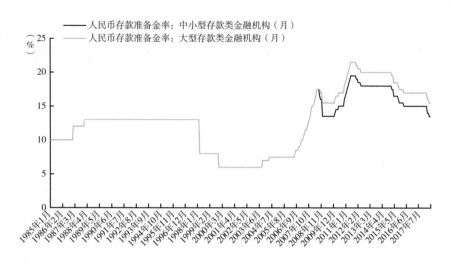

图 1 - 2　存款准备金率变动情况示意（1985 年 1 月 ~ 2018 年 7 月）

资料来源：Wind 数据库。

外币贷款、委托贷款、信托贷款等高达 144.01 万亿元，占社会融资规模的 82.43%；而直接融资仅占 16.90% 左右，其中，通过发行股票进行融资的规模占比仅为 6.65%。

　　由于中国是银行主导型投融资体制国家，信贷渠道作为货币政策的主要传导机制受到中央银行的极大关注。Peng 等（2006）及 Laurens 和 Maino（2007）指出中国人民银行设定货币供应量和信贷增长目标，并在接下来的一年内密切关注货币供应量和信贷增长，一旦有所偏离，会综合运用各种手段，包括存款准备金、公开市场业务、信贷基准利率和道德劝说（行政的或者窗口的）进行调控。McKinsey Global Institute（2006）指出中国银行拥有金融资产和金融工具的份额达总金融市场的 75% 左右，其说明信贷依然是货币政策的主要传导机制。

　　稳定物价，并以此促进经济增长，是《中国人民银行法》赋予中国人民银行制定货币政策的最终目标。在金融体系以银行为主导的经济体内，中国人民银行借以实现最终目标的间接目标和操作手段也需要借助银行来实现。根据时间的先后，中国试用了三个主要的中介目标：信贷规模、货币供应量和社会融资规模①。1998 年之前，中国一直沿用计划经济体制下的信贷规模作为中介指标。彼时，金融结构相对简单：四大国有商业银行、若干股份制银行，以及遍布各个省份村镇的信用社。随着股票市场、同业拆借市场和债券回购市场的建立、发展和壮大，贷款规模越来越难以统计；与此同时，银行的业务结构也发生了较大变化，贷款所创造的货币供给逐渐难以涵盖社会融资。借鉴国际通行做法，1994 年，中国人民银行开始向全社会公布货币供应量②，并于 1998 年正式宣布货币供应量为中介目标。不过，

---

① 社会融资规模是指一定时期内（每月、每季或每年）实体经济（即企业和个人）从金融体系获得的全部资金总额。这里的金融体系是整体金融的概念。从机构看，包括银行、证券、保险等金融机构；从市场看，包括信贷市场、债券市场、股票市场、保险市场以及中间业务市场等。它主要由三个部分构成：一是金融机构通过资金运用为实体经济提供的全部资金支持，主要包括人民币各项贷款、外币各项贷款、信托贷款、委托贷款、金融机构持有的企业债券及非金融企业股票、保险公司的赔偿和投资性房地产等；二是实体经济利用规范的金融工具、在正规金融市场、通过金融机构信用或服务所获得的直接融资，主要包括银行承兑汇票、非金融企业境内股票筹资及企业债的净发行等；三是其他融资，主要包括小额贷款公司贷款、贷款公司贷款、产业基金投资等。具体到统计指标上，目前社会融资规模包括人民币贷款、外币贷款、委托贷款、信托贷款、银行承兑汇票、企业债券、非金融企业境内股票融资和其他金融工具融资八项指标。随着我国金融市场发展和金融创新深化，实体经济还会增加新的融资渠道，如私募股权基金、对冲基金等。未来条件成熟，可将其计入社会融资规模。定义来自中国人民银行网站。

② 我国从 1994 年第三季度起由中国人民银行按季度向社会公布货币供应量统计监测指标。参照国际通用原则，根据我国实际情况，中国人民银行将我国货币供应量指标分为以下四个层次（中国人民银行各层次货币供应量，2011 年）：

M_0：流通中的现金；

M_1：M_0 + 企业活期存款 + 机关团体部队存款 + 农村存款 + 个人持有的信用卡类存款；

M_2：M_1 + 城乡居民储蓄存款 + 企业存款中具有定期性质的存款 + 外币存款 + 信托类存款；

M_3：M_2 + 金融债券 + 商业票据 + 大额可转让存单等；

M_4：M_3 + 其他短期流动资产。

其中，M_1 是通常所说的狭义货币量，流动性较强，是国家中央银行重点调控对象；M_2 是广义货币量，M_2 与 M_1 的差额是准货币，流动性较弱；M_3 是考虑到金融创新的现状而设立的，暂未测算。

信贷规模并没有完全退出历史舞台，李斌（2001）的实证研究表明，货币政策的最终目标和信贷规模的相关性更强。2010 年，社会融资规模首次在中央文件中被提出，自此以后，这个指标也被认为是中国人民银行货币政策的中介目标，与货币供应量及信贷规模共同作为中央银行监测指标。从表 1－2 和图 1－3 可以看出，全社会融资规模既涵盖信贷规模也包含货币供应量，同时将债券融资和股票融资计算在内，集中体现了金融市场支持实体经济的体量，更能反映与实体经济之间的关系。以上三种货币政策目标都是数量型货币政策目标，即调控目标与规模有关。

表 1 － 2　2002 年、2016 年以及 2017 年社会融资规模比较

单位：%

项目	2002 年	2016 年	2017 年
社会融资规模	100.00	100.00	100.00
其中:人民币贷款	91.90	69.86	71.20
外币贷款(折合人民币)	3.60	－3.17	0.01
委托贷款	1.00	12.28	4.00
信托贷款		4.83	11.60
未贴现银行承兑汇票	－3.30	－10.97	2.28
企业债券	1.80	16.85	2.30
非金融企业境内股票	3.10	6.97	4.50

　　中国也有市场化的利率体系，这里市场化的利率体系主要包括银行间同业拆借市场利率和债券市场利率，由于其市场化程度最高，故称其为市场化的利率体系。银行间同业拆借市场和债券市场的交易主体主要是银行，其"成功建立了管制利率之外的资金配置体系"（易纲，2009），为其他市场的利率市场化积累了经验。银行间同业拆借市场的出现早于中国人民银行成立。早在改革开放初期，就存在银行

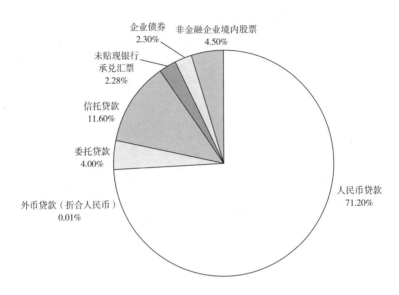

图 1 – 3　2017 年社会融资规模构成

资料来源：中国人民银行网站。

间同业拆借市场。明确规定银行间可以相互拆借的法规，是国务院于 1986 年 1 月颁布的《中华人民共和国银行管理暂行条例》；该条例规定交易双方自行商定资金拆借的期限和利率，这相对于其他利率市场，在当时已经有了很强的独立性。不以规矩，不能成方圆，为了提高银行间同业拆借市场主体的风险防范意识，国家于 1990 年 3 月出台了《同业拆借管理试行办法》。该办法在制定同业拆借市场运行规则的同时，确定了拆借利率的上限，实际上是加强了该市场的管制。这与当时的宏观经济不确定性相适应。1996 年 1 月 1 日，同业拆借业务开始通过全国统一的同业拆借市场进行网络办理，结束了由各商业银行组建的融资中心办理拆借业务的历史，为形成全国范围的利率市场创造良机，生成了中国银行间同业拆借市场利率（CHIBOR）。同年 6 月，中国人民银行发布《关于取消同业拆借利率上限管理的通知》，指出银行间同业拆借市场利率由拆借双方根据市场资金供求自主确定，解除了该市场的利率管制，为其他利率市场的市场化打开了新局面。1991 年，承购包销发行方式的采用成为国债发行市场化改革第一步。1996 年，财政部采取了利率招标、收益率招标、划款期招标等发行方式，通过证券交易所市场平台实现了国债的市场化。这样国债利率开始了其市场化进程。1997 年，中国人民银行颁布了《关于银行间债券回购业务有关问题的通知》，规定银行间债券回购业务需要在同业拆借市场统一开办；而利率则由双方商定，这样债券发行利率基本达到了制度上的成熟阶段。1999 年，财政部首次在银行间债券市场实现以利率招标的方式发行国债。2009 年中国人民银行发布《关于 2009 年上海银行间同业拆放利率建设工作有关事宜的通知》（银发〔2009〕24 号），提出继续完善 Shibor 形成机制，积极推动金融产品以 Shibor 为基准定价或参照其定价。

由于中国利率市场化程度较低，市场分割严重，利率传导机制不顺畅，价格型货币政策难以发挥应有的效果，本文提出的第一个问题即在利率传导机制顺畅的前提下，价格型和数量型货币政策如何影响经济，并将在第五章使用 DSGE 模型进行探讨。由此引出第二个问题：政策目标明确后，基于规则的货币政策与基于相机抉择的货币政策的不同经济效应有什么不同。对此，第六章尝试使用 DSGE 模型进行回答。

除此之外，中国的财政政策以产业政策为载体，发挥着重要的宏观调控功能，比较单独的货币政策、单独的财政政策和财政主导型政策三种政策的经济效应有助于在宏观上把握财政政策和货币政策的节奏。为此，本书在第七章也将对此问题做比较分析。

第二节　DSGE 模型文献综述

本章的文献综述主要分为两个部分：一是对国内外 DSGE 模型的

发展和应用状况进行介绍和评价；二是对目前国内外货币政策制定的指导理念和实施进行简要综述。在对国内外货币政策进行介绍的基础上，提炼出货币政策制定过程中提出的若干问题，以满足实证应用部分的分析。

本节介绍 DSGE 模型的文献综述，分成五个部分介绍 DSGE 模型。一是介绍 DSGE 模型的理论渊源。二是介绍 DSGE 模型的特色——波动性的根源，波动性的根源是将不确定理论合理地镶嵌到模型中去基本路径。三是介绍当今世界各国中央银行应用 DSGE 模型的现状，通过这些介绍，可以看出 DSGE 模型已经成为众多央行不可或缺的工具之一。作为一种重要的实证工具，如何将理论模型应用于实证分析也是众多研究者所关心的问题之一，本节将在第四部分介绍 DSGE 模型计量方法的发展。最后将简要介绍下 DSGE 模型在我国的研究和应用现状。

1. DSGE 模型的理论渊源

DSGE 模型是宏观经济学很重要的实证工具。DSGE 模型起源于 Kydland 和 Prescott（1982）的一篇经典论文《真实经济周期与建筑时滞》，这篇论文的初衷是研究建筑时滞假说对经济的影响，虽然该假说没有得到延续，但是其研究方法得到大家的追捧。

宏观经济学的研究内容大体上可以分为两类：经济增长和经济波动。长期以来，经济增长和经济波动被分为两个研究领域，两者之间存在不可逾越的鸿沟。DSGE 模型则在经济增长和经济波动之间搭建了一座桥梁，从而确立了其作为宏观经济研究的核心地位。建立在古典经济学基础上的索洛模型是经济增长研究的基本模型；在经济波动研究方面，影响最为深远的模型是以凯恩斯为代表的国内收入核算模型。自大萧条以来，凯恩斯主义被奉为经济学主流。尽管 20 世纪 40 年代以后，货币主义代表人物弗里德曼、理性预期学派的创始人卢卡斯、市场自由主义的斗士哈耶克，纷纷著书立说宣扬市场自由主义，动摇着凯恩斯主义的主流地位，但是凯恩斯主义以其相对完备的模型系统始终占据着宏观经济学的统治地位。

卢卡斯批判为 DSGE 模型的发展提供了契机。他所提出的理性预期是 DSGE 模型的基石，卢卡斯批判指出基于凯恩斯理论所建立的宏观计量经济模型存在着固有的缺陷。他指出大型经济计量模型"将货币、财政以及其他政策工具与政策目标相联系的参数随着时间的推移一直被保持相对稳定"（约翰·范·奥弗特瓦尔德，2010）。而卢卡斯则证明，人们会根据理性预期假设行动，从而实际上改变了政策手段和政策目标之间的参数。在卢卡斯的理性预期模型中，劳动的跨期替代起着关键作用。劳动市场的行为反映总供给方面，体现了卢卡斯的观点即总供给的作用远远大于总需求的作用。而追溯理性预期的渊源，这与卢卡斯的老师弗里德曼不能说毫无关联。从理性预期得到的家庭效用函数中明显体现了弗里德曼提出的消费函数的永久收入假说理论。Karagedikli、Matheson、Smith 和 Vahey（2008）也指出"……Kydland 和 Prescott（1982）的理论框架的建立受到弗里德曼和哈耶克的影响……"。

Rebelo（2005）总结性地指出 Kydland 和 Prescott 的三个贡献：一是真实周期理论是首个建立在新古典框架下来研究商业周期的模型；二是搭建了商业周期和实证分析中长期增长之间的桥梁；三是提供了一个研究经济周期性波动的统一框架，为宏观经济学研究理出一条清晰的研究脉络。对于以上模型的搭建，本文从中归纳出早期 RBC 的一些主要特点。

第一，Kydland 和 Prescott（1982）在构建模型之初就将经济周期性波动的原因归结为总供给方面的技术冲击，而非总需求。这个假定由于能够很好地模拟经济波动的主要特点，而成为市场自由主义者对抗凯恩斯主义者的有力武器。在该模型分析框架下，政府的任何行为只会加剧经济的波动，而不能抚平经济波动。

第二，否认了凯恩斯经济学将经济研究分为长期和短期的二分法研究方法。RBC 理论指出，经济周期波动的来源是外生的，如技术进步等。这种外生的冲击导致处在均衡的经济对该冲击进行自动调节，从而使经济存在波动，也正是技术进步决定了经济的长期增长趋势。

第三，技术冲击的传导机制主要是通过消费的跨时替代以及建筑时滞（time to build）。技术冲击由于这两个传导机制而使经济波动存在一个驼峰状的响应路径。正是这种传导机制的存在使模拟的经济波动与当时观察到的经济波动存在相似性。但是在 Kydland 和 Prescott（1982）的文献中，建筑时滞作为经济波动的主要传导机制受到质疑，随后的文献一般不采用这种传导机制。

第四，货币中性假说。RBC 理论认为货币是中性的，只有技术进步这些真实变量对经济产生深远的影响，而货币供应量是经济波动的结果，也就是说货币是内生的。货币政策当局不应该将货币政策作为调节经济的手段，否则货币政策本身会成为经济波动的来源，从而加剧经济的波动，进而降低社会的整体福利。

一个重要的转折发生在新凯恩斯主义学家将价格黏性加入 DSGE 模型中，此后 DSGE 模型加入了需求冲击。加入需求冲击以后，发现总需求冲击能显著改善模型的模拟效果，而今新凯恩斯主义的追随者也渐渐发现 RBC 理论的研究框架同时能分析需求冲击对经济的影响，从而也被新凯恩斯主义经济学家用以研究宏观经济学，这样新凯恩斯主义和市场自由主义出现了一次大融合。

RBC 理论的研究框架也并非一蹴而就，而是建立在已经较为成熟的新古典增长模型之上，其处理方法在众多文献中也有迹可寻。

RBC 理论最早可追溯到 Brock（1974）的新古典增长模型；早在 1972 年，Lucas（1972，1973）研究过经济参与人在不确定条件下的最优化行为问题；更早的 Frisch（1933）也曾用最优化的框架研究商业周期。Kydland 和 Prescott（1982）在众人研究的基础上创造性地提出了真实周期模型。

RBC 理论的包容性让其成为当前宏观经济学的一个重要研究工具。前述文献指出 Kydland 和 Prescott 是信奉市场自由主义的经济学家，不管是货币主义，还是理性预期主义，抑或是现在的真实周期理论都是在新古典经济理论的基础上发展而来的，其市场自由主义的宗旨一脉相承。新凯恩斯主义的追随者发现 Kydland 和 Prescott（1982）提供的研究范式用来分析需求冲击也同样适用。尤其是价格黏性的引入使该模型成为新凯恩斯主义的基本研究范式，因此杨小凯说"DSGE 是用 RBC 模型的瓶子，装新凯恩斯主义的美酒"。该模型很容易拓展，尤其是对需求冲击的拓展。一般而言，理论的拓展可以从模型的形式上进行分类：一是拓展企业行为，通过放松对企业的某些假定，或增加对企业行为的假定，对生产函数进行拓展；二是拓展消费者的效用函数，在瞬时效用函数中添加影响因素，像 MIU，其在效用函数中增加了现金来拓展模型。以上两种改变一般会导致模型增加经济参与者，在 MIU 的例子中，现金的增加必然要求现金提供者，这样必然增加了货币政策当局。考虑到 RBC 模型实际上也是一种动态随机一般均衡（即 DSGE 模型），在不引起混淆的情况下，下面将所有的模型称为 DSGE 模型。

2. 如何理解经济波动

一句在经济学界流传甚广的自黑式观点："有 100 位经济学家，可能会有 101 种经济学观点"。这种看法也明显体现在对经济波动的理解中。然而跳出这种细节上的不同，我们至少能从一般均衡的理念出发，理出一条经济学发展的清晰路径。这条路径的发展是以严格的数学推导为形式，以不断更新对一般均衡的理解、不断扩大经济解释的范围为特征。

（1）对一般均衡认识的演变

当瓦尔拉斯提出一般均衡的时候，商品市场均衡、劳动力市场均衡以及资本市场均衡是其主要的研究核心。然而这种将实体经济与虚拟经济二分的研究路径，被凯恩斯的国民收入决定理论所打破。笔者认为，对于一般均衡的贡献，凯恩斯将货币系统有效引入一般均衡概念体系，然而这种体系与瓦尔拉斯体系存在着基础性的矛盾，因为其缺乏坚实的微观基础，因此不属于真实意义上的瓦尔拉斯一般均衡体系。当卢卡斯提出理性预期理论后，对一般均衡理论的理解更加深刻了，以前的瓦尔拉斯属于静态体系，预期理论认为个体行为人的现在与未来的选择是联系当前与今后经济变动的关键，从而形成了动态的一般均衡理论。

（2）解释范围的扩大

阿克洛夫和希勒（2012）认为主流经济学家过分强调理性以及理性人的经济动机是阻碍全面理解经济运行的观念壁垒。然而理性人假设以及经济动机的研究的确拓展了我们对经济波动的理解，尤其重要的是让我们不断地思考和审视货币在经济波动的地位和作用。

对经济波动的理解可以从两个基本问题展开：第一是经济波动的根源是什么；第二是经济波动是如何传导的。DSGE 模型研究的核心问题是经济波动，在该模型内经济学家广泛探讨了经济波动的原因以及经济波动的传导机制。在 DSGE 模型建立之前，探讨的经济波动原因是建立在凯恩斯提出的三大主观假设前提下的总需求不足。凯恩斯从宏观角度将总需求分成了消费需求和投资需求：消费需求受边际消费倾向递减的主观假设影响存在消费增长小于收入增长的现象；流动性偏好和资本未来的预期利润下降的主观假设导致投资不足的结论。凯恩斯主义的出现为政府干预市场提供了理论基础。然而由于实证研究并不支持凯恩斯边际消费递减的假说，随着永久收入假说和生命周期假说的提出，凯恩斯的有效需求不足的基础开始出现裂痕。随后，卢卡斯的理性预期理论让政策实施的有效性失去理论基础。随着 20世纪 70 年代滞胀的出现，政府政策的有效性开始受到普遍质疑，凯恩斯理论开始失去了昔日的辉煌。直到 1982 年，基于新古典主义的完备的周期理论才被提出，也就是真实经济周期理论。Kydland 和 Prescott（1982）认为经济波动主要是由技术进步带动的，是总供给冲击，而其传导机制是劳动的跨期优化和建筑时滞。劳动力跨期优化的存在使居民消费存在平滑现象，这种平滑现象使消费和收入的波动出现明显差异。而建筑时滞的存在使投资不能在当期转化为资本品，从而产出呈现驼峰状的特征。自此，DSGE 模型的雏形建立起来。然而，Bernanke 和 Parkinson（1991）指出真实经济周期理论不能解释劳动的短期回报率递增（SRIRL）这一"宏观经济的一个基本特征事实"，因为在实际经济周期中劳动生产率是顺周期的。Ireland（2004）在 DSGE 模型的分析框架下提出一个添加价格黏性的新凯恩斯主义 DSGE 模型（下文简称 NKM），其指出模型的一个核心假定是市场上厂商存在价格调整成本（Schorfheide，2010），新凯恩斯主义学者一般将这种调整成本解释为"菜单成本"。正是这种调整成本的存在使价格不能调整到市场出清的价格水平，进而解释劳动的短期回报递增的事实。在 NKM 的基础上，Bernanke、Gertler 和 Gilchrist（1999）（下文简称 BGG）将金融市场结构冲击引入冲击序列中，为丰富的百花园式的冲击源又添加了一个有现实说服力的冲击原因，将金融加速器效应引入模型中，以描述信贷市场摩擦和信贷市场结构对实体经济的影响，尤其是该冲击源能有效地模拟现实中小冲击大波动的现象，以及能重现信贷扩张效应以及能解释无风险利率之谜（Bernanke 和 Gertler 等，1999）。研究金融学出身的宏观经济学家费希尔·布莱克从套利的角度认为无风险利率与风险利率应该是无差异的，失业本身其实不是与经济周期联系在一起的，经济波动是经济行为人选择的结果，经济周期本质上是需求与供给的不匹配，而由于偏好和技术的变动，需求和供给是动态调整的。任何政策实际上是扰动经济的动态调整过程。然而，Christiano、Eichenbaum 和 Evans（2005）将工资价格黏性、引入消费习惯、资本调整成本等三种经济特征加入 DSGE 模型，进而增强了 DSGE 模型的解释力。

Christiano、Motto 和 Rostagno（2002）融合了 BGG 的金融加速器，Christiano、Eichenbaum 和 Evans（2005）以及 Chari、Christiano 和 Eichenbaum（1995）研究银行系统的新古典模型，组合成一个庞大的 DSGE 模型，即著名的 CMR 模型，用以分析欧洲央行的货币政策。除了作为总需求冲击的政府支出冲击、货币政策冲击之外，居民部门增加了流动性偏好冲击、消费偏好冲击以及工资加成冲击。厂商部门增加了价格加成冲击；而技术冲击分为与劳动力效率提高有关的冲击（该冲击有一个固定的增长比率），和一个均值为 0、方差为固定值的冲击变量；对于厂商而言，其成本中除了成本加成冲击外，其融资比率也存在不确定性。资本生产商部门增加了资本利用率冲击。企业家部门的盈利水平则服从均值为 1、变动范围从 0 到无穷大的不确定性。至此，DSGE 模型的解释范围得到了进一步的扩大。

随机一般均衡的分析框架总体上认为，经济的波动是由经济行为人的理性预期理念决定，特殊的经济结构，如劳动市场摩擦、价格市场摩擦等不同使各个经济体有略有差异的表现。经济波动的根源大致可以分为三类：一类是消费偏好、技术进步引起的，这些变化是决定性的，实际上改变了稳态均衡的收敛值；一类是经济结构变动，源于制度向更有效率的方向发展的结果；还有一类是政策冲击，在动态随机一般均衡的框架下，政策是扰动性，是引发经济波动的根源。无论政策是制度造成的，还是中央银行的行为造成的，都会加剧经济波动。

3. 政策制定的主要模型工具

DSGE 模型同结构模型、时间序列模型等一起被作为政策制定实证工具包中的主要工具之一。20 世纪 30 年代，通过将当时流行的经济周期理论和 Kuznets 创立的国民经济账户结合起来，Tinbergen 建立的荷兰和美国的模型是最早的宏观计量模型。20 世纪 40 年代，以 Koopmans 为代表的经济学家将计量经济学方法和凯恩斯主义的宏观经济学相结合，成立了考尔斯委员会（The Cowles Commission），并系统地发展了结构性计量模型的识别、估计和检验技术。随后的 20 年里考尔斯委员会的研究方法成为宏观计量经济学的标准范式，根据这一范式许多联立的结构性模型建立，并成为政策分析和经济预测的最有力工具，结构模型从此步入黄金时代。

然而，20 世纪 70 年代联立方程组模型受到来自理论和实践两方面的考验。首先，西方国家普遍出现了滞胀现象，而联立方程组模型无法对其做出正确的解释。其次，在理论上永久收入假说冲击联立方程组建立的暂时性收入假说的理论基础。而著名的卢卡斯批判，指出了联立方程组的根本缺陷（Lucas，1976）：结构性模型参数事实上是描述偏好和技术的更深层次参数的函数，随着凯恩斯主义政策的实施，联立方程组所存在的条件实际上已经被改变，结构性模型的参数也会发生变化，因此其无法进行科学的预测和分析。在以上现状的基础上，宏观经济学家开始沿着以下三条不同的方式进行实证研究。

第一，针对结构模型出现的问题进行修补。一些宏观经济学家仍坚持结构模型的建模思路，并针对结构模型中存在的问题进行修补（Fair 和 Taylor，1984），把理性预期的思想纳入经济计量模型中，并建立了评价模型拟合和预测效果的分析方法，这一方法沿用至今。近些年来，结构模型的研究也正在突破一些模型本身的瓶颈约束。

第二，从理论驱动建模的指导哲学向数据驱动建模的指导哲学转变，进而建立起时间序列模型。这个方向是主要针对结构模型预测效果差而发展起来的。在很多种情况下，预测者往往关注的是政策不变条件下经济发展的未来趋势，因此，非条件预测更为适用。由于非条件预测并不需要使用结构模型，于是，在 20 世纪 70 年代后期，非结构预测逐渐成为预测的主流。非结构预测的概念是相对于结构预测提出的。结构预测模型强调了经济理论在建模过程中的重要性，因此，"理论驱动建模"贯穿结构预测的始终。而非结构预测突出了经济变量的时序性，重点考察序列本身的数据特征，这种方法也称为时间序列分析，"数据驱动建模"成为非结构预测的核心。

第三，在新古典增长理论基础上发展起来的 DSGE 模型。DSGE 模型具有理论上的完备性，由于其建立在新古典增长模型的基础上，继承了新古典模型的各种理论假设，同时纳入了随机因素，进而可以作为一种分析短期波动的实证工具。DSGE 模型具有三个主要特征：动态性、随机性和理性。动态性表现在各种行为主体的行为是建立在无限期界或者跨期优化基础上的，进而不仅考虑当期因素而且需要考虑未来的因素，进而呈现动态性；随机性描绘了现实中的不确定性，这种不确定性的存在使消费者的消费行为、生产者的生产行为表现出波动性；理性是指市场上的各个行为主体是在现有技术条件和约束条件下最优化其行为的，将"随意"的"非理性"行为减到最低。正是具备以上三个特点，相比于其他的宏观模型（结构方程模型、时间序列模型等），DSGE 模型能够很好地描述真实世界，从而逐渐被宏观经济学界接受。

21 世纪以来，随着数量分析技术的进步、计算机计算能力的提升，以及 DSGE 模型理论及应用的不断完善和发展，DSGE 模型越来越受到世界各国央行和国际机构的重视。许多中央银行逐渐开发自己的 DSGE 模型，其中包括美联储的 SIGMA 模型、加拿大银行的 TOTEM 模型、英格兰银行的 BEQM 模型；此外，澳大利亚、韩国、荷兰等国也开始加快开发自己的 DSGE 模型；跨国机构如 IMF 也开发了自己的全球经济模型 GEM。到目前为止，经过 20 多年的发展，DSGE 模型逐渐成为宏观经济预测和政策分析的标准工具，日益取代了传统的宏观计量模型而成为新的重要的政策分析工具，在实践中得到越来越广泛的应用。

4. DSGE 模型的计量方法的发展

DSGE 模型是一个理论与实证研究相结合的研究工具，理论模型构建完成以后就需要对模型进行对应的参数估计和模型的模拟，Kydland 和 Prescott（1996）将每个 DSGE 模型形象地比喻成检验社会科学中某一个问题的"实验"。数据的处理及模型的参数估计和模拟是 DSGE 模型研究中一个很重要的步骤。到目前为止，研究者在数据处理和模型的参数估计以及模型模拟方面已经取得令人瞩目的成绩，其中参数估计方法是其中最活跃的领域，是实证研究的关键步骤。

Kydland 和 Prescott（1982）用校准的方法来计算其 DSGE 模型的参数集，Christiano 和 Einchenbaum（1992）则用广义矩估计估计均衡方程的关系。Altug（1989）、McGrattan（1994）等用精确似然估计，其他的方法还有有限信息方法和经典的最大似然估计法。越来越多的文献用到 Bayesien 估计方法。Greenberg（2008）在比较了传统估计和贝叶斯估计的不同理念后，详尽地介绍了如何使用贝叶斯估计估计模型。Greenberg（2008）在其著作中推荐了 Poirier（1995）、Koop

现实意义。

关于货币政策的制定问题，理论可行性和实践可行性都很重要。货币政策制定时，需要结合一国的政治状况，甚至是一国习惯。即使是这样，研究者也在努力梳理出一些问题，比如经济生活中哪些问题是货币政策导致的；哪些问题不是货币政策导致的，但是调整下货币政策，这些问题依然可以解决；还有一些问题是货币政策无法掌控的。21世纪以来，货币政策在理论和实践上都有了很大进步：首先，货币政策独立性越来越受到理论支持；其次，规则和相机抉择之争在实践上有了折中的方案——通货膨胀目标制和名义GDP目标制出现；再次，对于合理中介目标的选择一直是货币政策的核心议题；最后，流动性问题也渐渐成了货币政策讨论的一个核心。在中国，中央银行的独立性问题一直悬而未决，且实际上并不存在明显证据证明央行的独立性有助于经济发展，而流动性一直是国内学术界探讨的主要问题。梳理这四方面的文献有较强的针对性和现实意义，而这些问题将是本文进行实证研究要探讨的主题。

1. 中央银行的独立性

中央银行的独立性问题探讨真正受到重视也不过是20世纪70年代的事情。70年代之前，凯恩斯主义认为流动性陷阱的存在使货币政策可能对经济的拉动作用有限，进而主张实施财政政策调节经济。然而，由于积极的财政政策导致了滞胀问题的出现，经济学界开始反思财政政策的有效性。Barro和Gordon（1983）通过建立一个动态随机模型，描述了这种由于产出和通货膨胀的变动不一致导致政府倾向于实施产生通货膨胀的宏观经济政策，结果使经济体往往处于产出不变而通胀偏高的状态。而存在一个独立的货币政策制定当局，这种局面就会得到遏制。政府偏向于实施产生通货膨胀的政策来源于铸币税收入，政府可通过创造货币而得到收入。这种铸币税不能简单地理解为高能货币的创造，因为高能货币一旦进入经济体，在货币乘数的作用下货币供应成倍放大，由此带来收入的增加，进而应税项目也增加，政府的收入也随之扩大。一般而言，扩大货币供应量对产出和通货膨胀影响的持续期不一致：扩大货币供应量后短期内会使产出增加，而长期内才会引起价格的变动，导致短视的政府倾向于采用增加货币供应以实现经济的繁荣。然而，随着时间的推移产出最终会返回均衡状态，而通货膨胀率则高居不下。

那么如何遏制这种通货膨胀率高居不下的状态呢？众多经济学家认为，保持中央银行独立性是保证低通货膨胀率的解决办法。Barro 和 Gordon（1983）提出一个解决这个问题的方法：政府将货币政策委托给一个独立的、其职责旨在降低通货膨胀率的部门，也就是独立的中央银行部门。Barro 和 Gordon（1983）分析的基础是 Kydland 和 Prescott（1977）提出的宏观经济中存在"动态不一致"问题的命题。在理性假设的前提下，Kydland 和 Prescott 认为，货币政策制定当局会根据当前的形势制定一个最优政策，当然这个政策是基于凯恩斯主义的扩张的经济政策，但公众一旦预期到政府的通货膨胀规律，会使当期最优的货币政策在接下来的几期失效，进而引起经济的波动。

在独立的中央银行存在的前提下，很多学者开始探讨中央银行如何保证其独立性地位，如 Walsh（1995）和 Svensson（1997）的中央银行委托代理制度以及 Rogoff 的"保守的中央银行家"理论等。然而中央银行官员是由政府任命的，那么如何保证他们和政府不串谋，Cukierman（1994）认为应通过立法来解决，并设计一套激励制度以保证独立的中央银行家的存在。

2. 规则与相机抉择之争

20 世纪 30 年代的大萧条之后，货币政策制定当局对于新古典经济学的自由主义信条的信心大不如前。凯恩斯主义宏观经济学的问世，为货币政策制定当局实施"相机抉择"的政策提供了理论基础。凯恩斯的追随者尤其是美国的学术界，对货币政策调节经济的能力有所怀疑（流动性陷阱），所以货币政策的地位相较于财政政策处于弱势。然而财政政策本身所固有的多重目标性，且受制于法律程序冗长的限制，导致政策制定当局对货币政策产生兴趣。另外，实践中1973年布雷顿森林体系的崩溃①，使各国中央银行从维持固定名义锚的责任中解脱出来，货币政策有了独立制定的权力。Phillips（1958）通过统计研究发现通货膨胀和失业之间存在此消彼长的关系，这更使学术界和政策制定当局对货币政策的有效性充满信心。Samuelson 和 Solow（1960）的论文也证实了这种关系的存在。根据这种关系，政策制定当局认为通过调节通货膨胀水平，可以使经济处在充分就业水平，这样，充分就业和通货膨胀二者作为可同时实现的目标而纳入中央银行的职责范围。

然而，1981年开始的石油危机，使货币政策处于两难境地，一方面由于石油价格的飞涨，通货膨胀持续不断，另一方面失业率上升。一般而言，面对失业率上升央行需实施宽松的货币政策，而面对通货膨胀的压力货币政策制定当局又需收紧银根。正是这种境况的存在使人们反思菲利普斯曲线的存在性和长期有效性，以及货币政策对失业率调整的可行性。在理论上，对相机抉择发难最有影响的是弗里德曼和施瓦兹（1969），他们指出货币政策对经济会有影响，但是只有未预期到的货币政策才能真正影响到实体经济。接下来，弗里德曼（1968）又指出，短期内较高的通货膨胀率会对经济产生

---

① 布雷顿森林体系是很多问题（如多国的流动性不足等）产生的根源，因此布雷顿森林体系崩溃之后，世界经济总体而言没有受到影响，相反，很多国家由于实施了比较恰当的货币政策，经济反而保持良好的运行状态。

刺激作用，进而降低失业率，但是长期内不存在通货膨胀和失业之间的替代关系。进一步，Kydland 和 Prescott（1977）指出，即使在社会目标明确、货币政策制定者知道货币政策的作用时间和作用幅度的情况下，由于理性人假设的存在，当期最优也未必是长期最优。这就是著名的"动态不一致理论"的提出。这里需要明确规则和相机抉择的定义：规则是指货币政策是自动的，不需要政策部门强加给货币发行以任何的宏观经济分析或价值判断（Bernanke，B. S. 和 M. Gertler 等，1999）；而相机抉择是指政策制定当局有权利和义务针对经济中出现的不稳定因素诸如泡沫和萧条等采取措施，以平抑经济波动。弗里德曼提出的框架的前提是基于三个基本的长期目标：政治自由、经济有效和经济权利的可持续平等。其政策框架为：既然竞争秩序不能为自身提供一个货币政策框架，那么就需要政府来提供；这个货币政策框架应该是按规则行事而不是依据管理部门的相机抉择；真正的竞争秩序能产生一个比现在更公平的经济社会，希望大众愿意更进一步地减少不平等（Friedman，1948）。然而，在实际实施过程中，很少有中央银行坚持实施规则而放弃自主能动作用。基于弗里德曼的观点，货币数量固定增长是中央银行应奉行的准则。弗里德曼提出的规则制度在现实中并没有得到实施，但是他提出的"一切价格问题都是货币问题"的理论却成了各国央行的行为指南；而通货膨胀目标制就是贯彻这种理念的政策实施框架。通货膨胀目标制是指中央银行以通货膨胀为实施货币政策的目标，在实践中根据经济形势而非依据特定规则，进而可以实施较为灵活的应对政策。

随着学术界以及货币政策制定当局对通货膨胀的成本、通货膨胀与产出之间不存在长期替代关系，以及中央银行政策可信度在影响公众预期上作用的认识不断加强，价格稳定成为货币政策的首要目标。

通货膨胀目标制成了许多中央银行的政策目标。伯南克等人指出，通货膨胀目标制是基于 20 世纪七八十年代德意志联邦银行和瑞士国民银行的实践总结出来的。例如德意志联邦银行在货币政策执行中，短期货币政策的操作主要是以货币供应量为参考目标，这一目标是通过每年计算与长期合意通货膨胀率（2%）相一致的货币供给增长率，也就是说，德意志联邦银行是间接以通货膨胀为目标，同时辅之以货币供应量为数量性指标来实现的。在二者出现冲突的情况下，赋予通货膨胀目标更大的权重。他们认为尽管美联储没有实行通货膨胀目标制，但是稳定的低通货膨胀目标和增加决策过程的透明度等做法，都带有通货膨胀目标制的特征。伯南克等人还认为，通货膨胀目标制兼具规则和相机抉择的优点。它具有提高政策透明度，向公众传达政策意图，使中央银行在维持长期价格稳定的目标内有应对短期经济形势变化的灵活性等作用。因而不应把通货膨胀目标制视为政策规则，而应作为一个"受约束的相机抉择"的政策框架。说它是"相机抉择"，是指中央银行在短期经济干扰下，保持稳定产出和就业的灵活性，同时对经济结构的变化和决策效应给予充分关注。说它是"受约束的"，是因为相机抉择是建立在中央银行对调控通货膨胀乃至通货膨胀预期保持承诺的基础之上的。由于货币政策具有时滞性，因而中央银行要预测通货膨胀并事先采取措施。因此，通货膨胀目标制是一种前瞻性的政策。通货膨胀目标制的要素有如下几点制定维持价格稳定的政策；公布实行通货膨胀目标制，中长期的通货膨胀可以是点，也可以是区间；通货膨胀目标制是显示政策变动的动向和意图，在经济面临冲击时对政策进行相应的短期调整；运用广泛的信息，在关注通货膨胀目标的同时，还要掌握很多相关的信息；增加责任的透明度，向公众提供信息的目的在于使公众了解如何执行货币政策以及所要达到的目标。该政策也具有一定局限性：第一，如果一国存在财政主导问题，如巨额财政赤字，就会对通货膨胀目标制形成掣肘；第二，如果一国存在金融体系的脆弱性，该政策也很难有作为（Bernanke 和 Laubach 等，2001）。

通货膨胀目标制也成为杰克逊霍尔共识的主要框架。杰克逊霍尔共识的主要特点有三个：第一，盯住通货膨胀；第二，不以资产价格为目标；第三，通过固定规则来管理市场对未来政策的预期，提高政策的透明度和可预见性。根据这个共识，只有资产价格和金融不平衡影响通胀预期的时候，货币政策才对其做出反应。这些特征充分体现了货币主义的信条和理性预期主义的思想。非常规货币政策的使用使人们普遍质疑短期利率作为货币政策工具的有效性问题（Fahr 和 Motto 等，2010）。

规则和相机抉择的另外一种理想货币政策是名义 GDP 目标制（简称 NGDP 目标制）。NGDP 目标制是一种后货币主义政策规则。货币主义者基于货币数量论，倾向于货币总量（M_1 或 M_2）稳定增加的货币规则，暗含的假定是货币流通速度是稳定的。然而 20 世纪 80 年代早期，货币流通速度的大幅波动使货币主义失去信誉（公平来讲，弗里德曼那时固执坚守 M_1 似乎是错误的）。所以保守主义开始需要其他可行的方案。Bennett McCallum 提出了 NGDP 目标制，调整货币基础以适应流通速度的变动。Greg Mankiw、Robert Hall 和 John Taylor 也关注了 NGDP 目标制，William Niskanen 在他的著作 *Cato Handbook for Policymakers* 中定义 NGDP 目标制为：货币政策盯住国内最终产品名义价值——国内名义总产值之和加上净出口减去私人部门的存货变动[①]。Matt Yglesias、Brad DeLong、Paul

---

① The nominal final sales to domestic purchasers—the sum of nominal gross domestic product plus imports minus exports minus the change in private inventories.

Krugman 和 Christina Romer 也对该目标制感兴趣，主要原因是相比通货膨胀目标制，NGDP 目标制的优点在于，它克服了通货膨胀目标制不能考虑失业率问题的局限，从而拓展了中央银行实施货币政策的应用性。

3. 数量型还是价格型

近年来，通货膨胀目标制日益受到各国政府的青睐，尽管中国处在经济转型期，但是实施直接盯住目标的货币政策也是有可能的，关键是中央银行如何选择合理有效的中介目标，进而实现最终目标。根据 McCallum（1997）以及 Walsh（2010）合理的中介目标需要满足两个条件：①易于控制（controllability）；②与最终目标（final target）高度相关。正如前文所述，弗里德曼认为货币流通速度是一个稳定的参数，根据货币数量理论，中央银行只需按固定增长率的货币政策规则制定货币政策即可；而 Minshkin（2003）通过研究 1915～2002 年美国货币的流通速度，发现该参数并不是稳定的，从而很难通过控制货币数量来盯住通货膨胀。对货币政策而言，中国实际上实施的何种规则，应当实施何种货币政策，这些问题仍然是目前研究争论的焦点。

国内已经有大量文献讨论中国实施的何种货币政策规则问题。谢平和罗雄（2002）采用 GMM 方法拟合了中国的泰勒（Taylor）规则，发现泰勒规则可以大致模拟中国的货币政策。而 Burdekin 和 Siklos（2005）则认为中国人民银行执行的是 McCallum 规则，紧接着盛松成和吴培新（2008）使用 VAR 模型采用中国的数量型规则拟合中国的货币政策，也认为中央银行主要通过控制银行信贷和货币供给量调控经济。Liu 和 Zhang（2007）研究发现 McCallum 规则无法刻画 1991～2006 年中国的货币供给，尤其是 1997 年之前的。这样陆军、钟丹（2003）使用协整分析探讨泰勒规则在我国的可行性，结果显示泰勒规则可以恰当地描述我国银行间拆借利率的具体走势。然而从中国的实际出发，主要的货币政策传导机制是信贷机制，而不是银行间拆借利率，用拆借市场利率来刻画中国货币政策实施与现实相去甚远。正如 Liu 和 Zhang（2007）也发现标准的泰勒规则无法刻画中国1992～1996 年的名义利率变动。基于此，国内学者开始引入通货膨胀预期，从而估计前瞻性的利率规则（卞志村、管征，2005；刘斌，2006；张屹山、张代强，2007，2008）。但是，前瞻性的利率规则目前仍然是学术界争论的焦点之一。王君斌、郭新强（2011）则认为通货膨胀目标制而非中介目标能刻画中国的货币政策。

那么中国的货币政策应当通过何种中介目标实施呢？对于这个问题的探讨，学术界的分歧比上一个问题更为严重。夏斌、廖强（2001）认为货币供应量已不宜作为当前中国货币政策的中介目标，主要原因在于货币供应量调控的实践表明，作为中介目标的货币供应量在指标可控性、可测性和最终目标关联度上，与当初的预期相去甚远。谢平、袁沁（2003）分析了近年来我国利率政策的效果，认为当前的利率政策对宏观经济整体上的作用仍然比较有限，这与中国作为经济转轨国家实行利率管制的现实相一致。张屹山和张代强（2007）的研究发现，利率对预期通货膨胀率和预期产出的反应绝大多数都不足，这说明中国价格型利率政策是一种内在不稳定的货币政策。万解秋和徐涛（2001）认为中国货币供给存在内生性，货币供给应以稳定物价水平为目标。然而随着利率和汇率的市场化改革，央行将更多地采用价格型规则。张延群（2010）的研究认为从可控性和相关性看，M_2 应当成为货币政策的中介目标。刘斌（2003）则提出了基于泰勒规则的最优简单货币政策规则，该规则涉及货币政策的最终目标而没有涉及中介目标。

总而言之，到目前为止，国内学术界对中国货币政策实施何种政策以及应当实施何种政策尚存在争议。

第四节 小结

第一节简要介绍了文章写作的国内外经济背景以及当前国内研究背景，另外对 DSGE 模型的研究脉络做了大概描述，接下来介绍了结构安排和本文的主要贡献。

本章的文献综述分为两个大部分，第一部分介绍 DSGE 模型的相关研究，具体归为五大类：DSGE 模型的理论渊源，DSGE 模型的波动源的发展，DSGE 模型作为一种货币政策工具的应用，DSGE 模型估计方法的沿革以及国内对 DSGE 模型的研究现状。

通过对 DSGE 模型理论渊源的追溯，我们看到经济模型发展的延续性，从而从历史的高度看待该模型。而对波动源发展脉络的梳理中，我们能看到 DSGE 模型越来越接近现实的发展方向，而正是基于 DSGE 模型的现实性，各国中央银行和世界性货币组织相继开发了自己的 DSGE 模型以研究经济中的现实问题。而对于如何估计 DSGE 模型一直是计量经济学所关注的课题，这方面的研究也已经是硕果累累。最后介绍了国内对 DSGE 模型的应用和研究。为了和国际研究接轨，国内学者也开始对 DSGE 模型进行研究与开发，并取得了一定的成果。

第二部分主要评析了当今货币政策的四个主要问题：一是货币政策的独立性问题；二是规则和相机抉择之争；三是货币政策中介工具的选择问题；四是围绕流动性展开的争论。尽管对货币政策的独立性问题已经取得了不少共识，国内的货币政策独立性依然受到质疑，为了后面的实证研究，本章大概梳理了国内外学者对货币政策独立性探讨的文献，以期为后面的实证分析奠定理论基础。而货币政策工具的选择也是货币政策理论界和制定者主要研究和关注的对象，这方面的

交易发生时单位现金或存款的变动导致的效用变动的弹性。

居民在做出选择的时候，要受到各种约束，其约束方程为：

$$[1 + (1 - \tau_t^D)R_{at}](M_t^b - M_t + X_t) - T_t$$
$$- (1 + \tau_t^c)P_tC_t + (1 - \Theta)(1 - \gamma)V_t - W_t^e + Lump_t$$
$$+ [1 + (1 - \tau_t^T)R_t^e]T_{t-1} + (1 - \tau_t^l)W_{j,t}h_{j,t} + M_t$$
$$+ \Pi_t^b + \Pi_t^k + \int \Pi_t^f df + A_{j,t} - M_{t+1}^b \geq 0$$

其中，R_{at} 为存款利率；$M_t^b - M_t + X_t$ 指上期存款，详细说明见后文关于银行的介绍；T_t 指 t 期的定期存款；V_t 和 W_t^e 分别指企业家的净资产和企业家所获得的当期薪金收入；Π_t^b、Π_t^k 和 $\int \Pi_t^f df$ 分别指银行利润、企业家利润以及生产商利润。

依据最优化方程以及约束条件可得拉格朗日方程：

$$E_0^j \sum_{t=0}^{\infty} \beta^t \left\{ u(C_t - bC_{t-1}) - \zeta_t z(h_{j,t}) + v_t \frac{\left[P_tC_t \left(\frac{1}{M_t} \right)^{\theta_t} \left(\frac{1}{M_t^b - M_t + X_t} \right)^{1-\theta_t} \right]^{1-\sigma_q}}{1 - \sigma_q} \right\}$$
$$+ \lambda_t \{ [1 + (1 - \tau_t^D)R_{at}](M_t^b - M_t + X_t) - T_t - (1 + \tau_t^c)P_tC_t$$
$$+ [1 + (1 - \tau_t^T)R_t^e]T_{t-1} + (1 - \tau_t^l)W_{j,t}h_{j,t} + M_t - M_{t+1}^b \}$$

关于定期存款、现金需求、银行存款、消费以及劳动时间的选择的一阶条件为：

$$E\{ -\lambda_t + \beta\lambda_{t+1}[1 + (1 - \tau_{t+1}^T)R_t^e] | \Omega_t^\mu \} = 0$$

$$v_t \left[P_tC_t \left(\frac{1}{M_t} \right)^{\theta_t} \left(\frac{1}{M_t^b - M_t + X_t} \right)^{1-\theta_t} \right]^{1-\sigma_q} \left[\frac{\theta_t}{M_t} - \frac{1-\theta_t}{M_t^b - M_t + X_t} \right] - \lambda_t(1 - \tau_t^D)R_{at} = 0$$

$$E\left\{ \beta v_{t+1}(1 - \theta_{t+1}) \left[P_{t+1}C_{t+1} \left(\frac{1}{M_{t+1}} \right)^{\theta_{t+1}} \left(\frac{1}{M_{t+1}^b - M_{t+1} + X_{t+1}} \right)^{1-\theta_{t+1}} \right]^{1-\sigma_q} \right.$$

$$\left. \frac{1}{M_{t+1}^b - M_{t+1} + X_{t+1}} + \beta\lambda_{t+1}[1 + (1 - \tau_{t+1}^D)R_{a,t+1}^e] - \lambda_t | \Omega_t^\mu \right\} = 0$$

$$E\{ u_{c,t} - u'(C_t - bC_{t-1}) + b\beta u'(C_{t+1} - bC_t) | \Omega_t^\mu \} = 0$$

$$z(h) = \psi_L \frac{h_t^{1+\sigma_L}}{1 + \sigma_L}$$

假设劳动的边际收益等于平均工资，劳动力市场最优化的目标函数和约束条件如下：

$$\max \ W_t H_t - \int_0^1 W_{jt} h_{jt} dj$$

$$\text{s. t.} \ \ H_t = \left[\int_0^1 h_{jt}^{\frac{1}{\lambda_w}} dj \right]^{\lambda_w}$$

$$(2-2)$$

其中 $1 \leqslant \lambda_w < \infty$，$W_t$ 和 W_{jt} 分别表示家庭 j 在 t 期最终劳动和中间劳动的工资，可得劳动力需求函数为：

$$\left(\frac{W_t}{W_{jt}} \right)^{\frac{\lambda_w}{\lambda_w - 1}} = \frac{h_{jt}}{H_t}$$

$$(2-3)$$

对式（2-3）积分并将式（2-6）代入可得工资指数和差别化的工资之间的关系：

$$W_t = \left[\int_0^1 W_{jt}^{\frac{1}{1-\lambda_w}} dj \right]^{(1-\lambda_w)}$$

$$(2-4)$$

20 世纪 80 年代之前，人们对工资—价格机制的主要实证特征已取得"一致意见"，认为考虑价格通胀效应的菲利普斯曲线可以用来解释工资形成机制。1983 年 Calvo 提出了一个用于理论分析的模型，为 DSGE 建模提供了较强的理论依据。本文依据 Calvo（1983）所使用的方法，假定在 t 期调整工资的概率为（$1 - \xi_w$），而未调整工资者，其工资的设定由以下规则决定：$W_{j,t} = \pi_{t-1} W_{j,t-1}$，其中 π_{t-1} 为上期通胀指数。

假设代表性家庭 j 在 t 期制定最优化工资 $\tilde{W}_t$，以后没有再收到工资调整信号，其预期效应最大化行为：

$$\max E_t^j \sum_{l=0}^{\infty} (\xi_w \beta)^l \left[\lambda_{2,t+l} \tilde{W}_{j,t} X_{tl} - z'(h_{t+l}) \right]$$

其中，$X_{tl} = \prod_{i=1}^{l} \pi_{t-i}$，$z'(h_{t+l}) = \xi \dfrac{1}{1-h_t}$，$\lambda_{2,t+l} = 1/C_t$。可得关于 $\tilde{W}_t$ 的一阶条件：

$$E_t^j \sum_{l=0}^{\infty} (\xi_w \beta)^l h_{j,t+l} [\lambda_{2,t+l} \tilde{W}_{j,t} X_{tl} - \lambda_w z'(h_{t+l})] = 0 \qquad (2-5)$$

第二节　厂商行为

1. 零售商行为

假定零售商出售的商品是混合品，众多的出厂商品以不变替代弹性的生产函数合成为最终商品。

$$Y_t = \left[\int_0^1 Y_{jt}^{\frac{1}{\lambda_f}} dj \right]^{\lambda_f} \qquad (2-6)$$

其中，$1 \leqslant \lambda_f < \infty$，$Y_t$ 为 t 期零售商品，Y_{jt} 表示 t 期出厂商品 j 的投入数量。P_t 和 P_{jt} 分别表示零售商品和出厂商品 j 在 t 期的价格。假定零售商品市场是完全竞争的，则零售商的利润最大化行为可用以下数理模型表示：

$$\max P_t Y_t - \int_0^1 P_{jt} Y_{jt} dj$$

$$\text{s. t. } Y_t = \left[\int_0^1 Y_{jt}^{\frac{1}{\lambda_f}} dj \right]^{\lambda_f}$$

构造连续时间的拉格朗日方程：

$$L = P_t Y_t - \int_0^1 P_{jt} Y_{jt} dj - \lambda \left\{ Y_t - \left[\int_0^1 Y_{jt}^{\frac{1}{\lambda_f}} dj \right]^{\lambda_f} \right\}$$

其一阶条件为：

$$\frac{\partial L}{\partial Y_t} = P_t - \lambda = 0$$

$$\frac{\partial L}{\partial Y_{jt}} = -P_{jt} + \lambda Y_t^{\frac{\lambda_f-1}{\lambda_f}} Y_{jt}^{\frac{1-\lambda_f}{\lambda_f}} = 0$$

$$\frac{\partial L}{\partial \lambda} = Y_t - \left[\int_0^1 Y_{jt}^{\frac{1}{\lambda_f}} dj\right]^{\lambda_f} = 0$$

由以上的一阶条件可得:

$$\left(\frac{P_t}{P_{jt}}\right)^{\frac{\lambda_f}{\lambda_f-1}} = \frac{Y_{jt}}{Y_t} \qquad (2-7)$$

该式表示局部均衡条件下,零售商对出厂商品的需求函数,对出厂商品的需求随着价格的上涨而减少,随着价格的下降而增加,但是由于各种出厂商品之间存在的边际替代率递增的假定,导致出厂商品需求量的变动小于价格变动的幅度。

2. 生产商行为

假定生产商的出厂商品市场是垄断竞争市场,其产量决定如下:

$$Y_{jt} = \begin{cases} \varepsilon_t^f k_{jt}^\alpha (z_t L_{jt})^{1-\alpha} - \phi z_t & \varepsilon_t^f k_{jt}^\alpha (z_t L_{jt})^{1-\alpha} \geq \phi z_t \\ 0, & \text{otherwise} \end{cases}$$

其中,$0 < \alpha < 1$,L_{jt} 和 k_{jt} 分别表示 t 期在生产第 j 个出厂商品时所使用的劳动和资本。对于社会的生产技术,本文有两种类型的假定,一种是随机扰动的技术变动 ε_t^f,另一种是有着固定增长率的技术冲击 z_t。稳态条件下,各行业的利润趋于均等,而超额利润为 0。ϕ 表示稳态条件下超额利润为 0 所对应的阈值。

假定生产商在完全竞争市场上租用资本、雇用劳动力,而最终利润被转移给居民。生产商依据企业成本最小化原理组织生产,决策模型如下:

$$\min R_t W_t L_{jt} + R_t^k k_{jt}$$

$$\text{s.t.}\quad Y_{jt} = \begin{cases} k_{jt}^{\alpha} L_{jt}^{1-\alpha} - \phi & \text{if } k_{jt}^{\alpha} L_{jt}^{1-\alpha} \geqslant \phi \\ 0, & \text{otherwise} \end{cases}$$

构造拉格朗日函数如下：

$$L = R_t W_t L_{jt} + R_t^k k_{jt} + \lambda (Y_{jt} - k_{jt}^{\alpha} L_{jt}^{1-\alpha} + \phi)$$

对 L_{jt} 和 k_{jt} 以及 λ 求一阶条件得：

$$\frac{\partial L}{\partial L_{jt}} = R_t W_t - \lambda (1-\alpha) k_{jt}^{\alpha} L_{jt}^{-\alpha} = 0$$

$$\frac{\partial L}{\partial k_{jt}} = R_t^k - \lambda \alpha k_{jt}^{\alpha-1} L_{jt}^{1-\alpha} = 0$$

$$\frac{\partial L}{\partial \lambda} = Y_{jt} - k_{jt}^{\alpha} L_{jt}^{1-\alpha} + \phi = 0$$

由以上三式，可以得出：

$$\lambda_t = \left(\frac{1}{1-\alpha}\right)^{1-\alpha} \left(\frac{1}{\alpha}\right)^{\alpha} (R_t^k)^{\alpha} (R_t W_t)^{1-\alpha}$$

其中，λ 的经济学含义为生产的边际成本，代表生产商每生产一个单位的 Y_{jt} 所需花费的名义成本。将其换算成实际工资和实际利率的函数可得企业的实际边际成本：

$$s_t = \frac{\lambda}{P_t} = \left(\frac{1}{1-\alpha}\right)^{1-\alpha} \left(\frac{1}{\alpha}\right)^{\alpha} \left(\frac{R_t^k}{P_t}\right)^{\alpha} \left(R_t \frac{W_t}{P_t}\right)^{1-\alpha} \qquad (2-8)$$

将（2-7）式积分，并代入（2-6）式可得：

$$P_t = \left[\int_0^1 P_{jt}^{\frac{1}{1-\lambda_f}} dj\right]^{(1-\lambda_f)} \qquad (2-9)$$

生产商设定的出厂价格同家庭设定工资一样，假定 t 期收到价格调整信号的概率为 $1-\xi_p$，而没有收到价格调整信号的生产商出厂商品的价格设定则由以下规则决定：$P_{j,t} = \pi_{t-1} P_{j,t-1}$，其中 π_{t-1} 为上期通胀指数。

令 j 个生产商的边际成本等于平均成本，生产商利润最大化行为表示如下：

$$\max E_{t-1} \sum_{l=0}^{\infty} (\beta \xi_p)^l v_{t+l} [\bar{P}_t X_{tl} - s_{t+l} P_{t+l}] Y_{j,t+l}$$

$$\text{s. t. } \left(\frac{P_t}{P_{jt}}\right)^{\frac{\lambda_f}{\lambda_f - 1}} = \frac{Y_{jt}}{Y_t}$$

$$s_t = \frac{\lambda}{P_t} = \left(\frac{1}{1-\alpha}\right)^{1-\alpha} \left(\frac{1}{\alpha}\right)^{\alpha} \left(\frac{R_t^k}{P_t}\right)^{\alpha} \left(R_t \frac{W_t}{P_t}\right)^{1-\alpha}$$

$$X_{tl} = \prod_{i=1}^{l} \pi_{t-i}$$

将 $\left(\frac{P_t}{P_{jt}}\right)^{\frac{\lambda_f}{\lambda_f - 1}} = \frac{Y_{jt}}{Y_t}$ 代入优化函数中，对 $Y_{j,t+l}$ 求一阶条件可得：

$$E_{t-1} \sum_{l=0}^{\infty} (\beta \xi_p)^l v_{t+l} [\bar{P}_t X_{tl} - \lambda_f s_{t+l} P_{t+l}] Y_{j,t+l} = 0$$

3. 资本生产商行为

假定市场上存在大量的、同质的资本生产商，它们将价格视为给定。所有利润和损失都将转移给居民。t 期内，在商品市场交易完成后、在没有预期到价格调整或者财政货币政策冲击之前，资本生产商将进行一定的投资 I_t 用于资本的生产。资本生产商的投资品是在商品市场上购买的，购买投资品的价格是 P_t。资本生产商购买一定数量 x 的旧资本，连同新的投资品一起，以某种生产函数形式，形成新资本 x' 用于出售。其生产函数的形式可表示为：

$$x' = x + F(I_t, I_{t-1})$$

资本生产商的利润为：

$$\Pi_t^k = Q_{K,t}^- [x + F(I_t, I_{t-1})] - Q_{K,t}^- x - P_t I_t$$
$$= Q_{K,t}^- F(I_t, I_{t-1}) - P_t I_t$$

资本生产商的目标函数是预期利润加总最大化，具体如下：

$$\max_{I_{t+j},\,x_{t+j}} E\Big\{ \sum_{j=0}^{\infty} \beta^j \lambda_{t+j} \big\langle Q^-_{\bar{K},t+j}\big[x_{t+j} + F(I_{t+j},I_{t+j-1})\big] - Q^-_{\bar{K},t+j}x_{t+j} - P_{t+j}I_{t+j} \big\rangle \,\big|\, \Omega_t \Big\}$$

$$= \max_{I_{t+j},\,x_{t+j}} E\Big\{ \sum_{j=0}^{\infty} \beta^j \lambda_{t+j} \big\langle Q^-_{\bar{K},t+j}F(I_{t+j},I_{t+j-1}) - P_{t+j}I_{t+j} \big\rangle \,\big|\, \Omega_t \Big\}$$

从上式可知，x_{t+j} 的取值并不影响资本生产商的最优化决策和市场出清的条件，不妨令 $x_{t+j} = (1-\delta)\bar{K}_{t+j}$。对 I_t 求一阶条件得：

$$E\big[\lambda_t P_t q_t F_{1,t} - \lambda_t P_t + \lambda_{t+1} P_{t+1} q_{t+1} F_{2,t+1} \,\big|\, \Omega_t\big] = 0$$

其中 q_t 是托宾 q：

$$q_t = \frac{Q^-_{\bar{K},t}}{P_t}$$

第三节　企业家行为

假定市场上存在大量的企业家，其拥有的净资产以当期货币衡量。假定企业家破产的比例为 $(1-\gamma)$，继续存活的比例为 γ。继续存活的企业家以及新生的 $(1-\gamma)$ 比例的企业家都需要购买资本。继续存活的企业家依靠自身的净资产和银行贷款来为购买的资本品融资；而新生的企业家则需要依赖政府转移支付和贷款进行融资。实际上 γ 是允许跨期变动的，为了明晰起见，这里省掉了时间下标。

对于第 j 个企业家而言，$(t+1)$ 期以 $Q_{\bar{K},t+1}$ 价格购买的资本 $\bar{K}^j_{t+1}$，可能会面临财政货币政策之外的其他随机冲击 ω。为表征该随机冲击，假定企业家购买的资产从 $\bar{K}^j_{t+1}$ 变为 $\omega\bar{K}^j_{t+1}$，ω 是一个均值为 1、非负的、独立于各个企业家的外生冲击随机变量。在没有预期到财政货币政策冲击而只预期到其他随机冲击 ω 时，企业家将决定 $(t+1)$ 期以多高的资本使用率提供资本服务。$(t+1)$ 期末，企业家要在商品市场上卖出其折旧后的资本，此时企业家的自有资产 N_{t+1}^j 即为 $(t+1)$ 期的租金收入减去资本使用产生的费用和银行贷款本息，加上卖掉的折旧后的资本收入 $(1-\delta)\omega\bar{K}_{t+1}^j$，其中 δ 表示资本折旧率。

假定继续存活的比例为 γ 的企业家与新生的比例为 $(1-\gamma)$ 的企业家都会得到政府补贴 W_t^e，这是一个技术性假定。因为在标准的借贷合同中，新生的企业家如果没有净资产就不可能进行贷款，补贴来源于税收。

1. 企业家的资本使用率

假定第 j 个企业家提供如下的资本服务 K_{t+1}^j：

$$K_{t+1}^j = u_{t+1}^j \omega \bar{K}_{t+1}^j$$

其中，u_{t+1}^j 表示第 j 个企业家所选择的资本使用率；ω 的分布函数为：

$$\Pr[\omega < x] = F(x)$$

由于提供了资本服务，企业家将在 $(t+1)$ 期得到租金 r_{t+1}^k。资本的产出成本为：

$$P_{t+1}a(u_{t+1}^j)\omega\bar{K}_{t+1}^j, a' > 0, a'' > 0$$

企业家选择最优资本使用率以最大化其利润：

$$\max_{u_{t+1}^j} E\{[u_{t+1}^j r_{t+1}^k - a(u_{t+1}^j)]P_{t+1}\omega\bar{K}_{t+1}^j | \Omega_{t+1}\}$$

一阶条件为：

$$E_t[r_t^k - a'(u_t)] = 0$$

2. 企业家的融资决策

现在考虑第 j 个企业家的融资 $\bar{K}_{t+1}^j$ 是如何决定的。当企业家进入借贷市场时，除了净资产，假定企业家的其他因素与借贷无关。

市场上存在大量的企业家，其净资产是不同的。假定净资产的任何一个取值都对应许多的企业家，他们为了获得贷款而竞争。对每个净资产为 N_{t+1} 的企业家而言，贷款市场是完全竞争的。由于存在不同的监管成本，信贷市场上借贷合约将以不同利率和不同金额的贷款交易组成。假定合约市场是一个完全竞争市场，银行对企业家的贷款利率等于定期存款利率（即利润为零），而企业家以利润最大化为目标。对于企业家而言，因为竞争所以借贷合约是在企业家利润最优化条件下签署的。

现在考虑均衡状态下净资产为 N_{t+1} 的企业家的借贷合约，注意到该企业家购买的资产为 $\bar{K}_{t+1}^{N}$。为了购买这笔资产，企业家需要借贷的数额为：

$$B_{t+1}^{N} = Q_{K',t}^{-} \bar{K}_{t+1}^{N} - N_{t+1}$$

只要企业家的外生冲击变量 ω 值足够高，企业家足以返还银行贷款本息，则企业家将按着标准的借贷合同中列出具体的贷款数额 B_{t+1}^{N} 以及合同利率 Z_{t+1}^{N}，完成和银行的贷款合同。如果该企业家的 ω 值不够高，不能返还银行的本息，则企业家将面临破产，破产的企业家就要把所有收益转移给银行。对于没有破产的单个企业家来说，此类标准的贷款合同暗含着如下关系：

$$\bar{\omega}_{t+1}^{N}(1 + R_{t+1}^{k}) Q_{K',t}^{-} \bar{K}_{t+1}^{N} = Z_{t+1}^{N} B_{t+1}^{N}$$

其中，$(1 + R_{t+1}^{k}) Q_{K',t}^{-} \bar{K}_{t+1}^{N}$ 是期末该企业家的收益，$\bar{\omega}_{t+1}^{N}$ 为企业家是否破产的阈值，$\omega \geqslant \bar{\omega}_{t+1}^{N}$ 意味着该企业家收益等于或者高于一般盈利水平，

（2003）、Lancaster（2004）等的教材作为参考学习之用。国内的很多计量经济学教材里对贝叶斯估计有介绍，如李雪松（2008）、苏良军（2007）等。将贝叶斯估计运用到 DSGE 模型参数估计的主要早期作者有 DeJong 等（2000）、Schorfheide（2000）、Otrok（2001）；近期的文献中大部分都运用了贝叶斯估计估计参数集，如 Schorfheide（2010），Christiano、Eichenbaum 和 Evans（2005），Smets 和 Wouters（2007）。

校准方法对经验不足的初学者限制很多，因为对所研究问题的参数赋值需要经验的支持；而对最大似然估计的诟病多半是其苛刻的要求，即样本足够大。贝叶斯估计一方面可以处理小样本，另一方面对初学者来说，要求较为宽松，因此贝叶斯估计得到了广泛的应用。

贝叶斯估计理念的优越之处在于其引入了先验分布，先验分布充分运用了人们当前对参数的认识程度，这种认识程度有助于改善模型的收敛速度，尤其是对样本量的要求相对较小，使贝叶斯估计在 DSGE 模型，以及其他模型中都得到广泛的应用。贝叶斯估计的公式为：

$$p(\theta|y) \propto p(y|\theta)p(\theta)$$

其中，$p(\theta)$ 是 θ 的先验分布密度函数，表示在观测到数据 y 之前，对 θ 的认识程度；$p(\theta|y)$ 为后验分布密度函数，表示在观测到数据 y 之后，对 θ 更新的认识程度；$p(y|\theta)$ 是在 θ 给定条件下的样本分布密度函数或样本似然。

一般而言，DSGE 的模型参数很多，而且在运用贝叶斯估计的时候涉及高阶微分方程的计算，因此计算起来较为烦琐，甚至得不到显性解，这样 MCMC 算法在使用贝叶斯估计的文献里得到了广泛应用。

MCMC 算法的本质，是通过构造合适的转移核，使目标分布为马尔科夫链的平稳分布。李雪松（2008）介绍了吉布斯分布的具体做法，并指出吉布斯抽样算法是一种较为广泛且相对简单的 MCMC 算法。

Karagedikli、Matheson、Smith 和 Vahey（2008）指出，尽管贝叶斯估计得到很多经济学家的认可，但是也存在以下不足：第一，先验分布的设定仍存在任意性；第二，数据是否符合马尔科夫性质假定存在质疑。

5. 国内研究现状

近年来，国内已有研究者开始运用 DSGE 模型来研究中国经济问题。刘斌（2008）在 CMR 模型基础上构建了适用于中国的 DSGE 模型。相比 CMR 模型，该模型从中国的角度出发，重点修改了以下几点：第一，对金融部门做了修改，其中将中央银行的利率目标值改为货币供应量目标值；第二，将封闭的大国假定改为开放的小国假定；第三，文中运用了贝叶斯估计和校准相结合的方法对模型进行了估计，并以此对经济进行模拟。作者在比较了经济问题分析中传统的计量方法和 DSGE 后，提出 DSGE 模型的优势：理论和逻辑上的严谨和一致性、模型框架的显性（便于理论和建模分开）以及独特的政策分析优势。其构建的模型十分庞大：考虑的部门有居民、厂商、金融机构、政府和对外部门；而厂商又进一步分为四类——最终产品生产商、中间产品生产商、资本品生产商以及资本家，而金融机构主要有中央银行和商业银行，对外部门包含两类——出口商和进口商，用其自己的话来说就是"计算量相当可观"。通过构建如此庞杂的经济系统，作者较为详尽地分析了系统中货币政策传导机制，并用此来分析各种冲击对经济的影响路径。

比较而言，贺云松（2010）构建的模型较为简单，其冲击源只有一个，即技术冲击（同早期 RBC 模型）。作为新凯恩斯主义的信奉者，其加入了价格黏性假定。通过构建这样一个精巧的模型，其分析了三种利率规则（当期型、前瞻型、后顾型）对消费者福利的影响，结果发现名义利率与通货膨胀的反应系数负相关，利率的平滑对福利的影响相异。

简单的模型能更为清晰和明确地集中于问题的研究，刘尧成和徐小萍（2010）通过小型的两国 DSGE 模型分析了供（技术方面）需（货币政策）对一国对外贸易失衡的影响，指出一国受到供需冲击后需至少 10 年的时间才能返回到初始的均衡状态，并以此为依据提出相关的政策建议。

另外，王宪勇（2008）探讨了 DSGE 模型的两种估计方法：ML 和 GMM 方法。姚斌（2007）运用此框架以福利损失为标准，探讨了人民币汇率制度选择的问题，而台湾的两位作者许振明和洪荣彦（2008）也探讨了汇率问题；黄志刚（2009）则用 DSGE 模型探讨加工贸易领域。随着时间的演进，国内的学者越来越多地用到 DSGE 模型。

第三节　货币政策探讨

货币政策处在一种比较尴尬的位置上，当经济繁荣的时候，很少有人赞扬货币政策，而在经济危机的时候，货币政策往往被置于风口浪尖上。对货币政策这种态度大都是基于人们的认识，也并非信口雌黄。因为一般而言，经济的繁荣大抵和货币政策关系不大，而来源于技术的进步、管理水平的提高、劳动力素质的改进，等等。货币政策像很多制度层面的政策一样，起着保驾护航的作用，一旦经济出现问题，货币政策保驾护航的作用首先受到质疑。2008 年世界金融危机的爆发，经济学家对货币政策的探讨成了人们关注的焦点，经济学界内也涌现出很多有启发的观点。梳理和分析这些观点有很强的理论和文献也多如牛毛，本章从货币政策规则是什么和应当是什么两个方面梳理了该方面的文献。流动性不足和流动性过剩一直是货币政策制定面临的一个重要问题，本章也梳理了该方面的文献，以期厘清思路为下面的实证分析提供文献参考。

第二章 一个包含银行系统的 DSGE 模型框架

本章使用的 DSGE 模型是基于 Christiano、Motto 和 Rostagno（2002）（以下简称 CMR）所描绘的理论框架。CMR 模型有效地融合了现代货币经济学的主要理论进展，如金融加速器理论、内部货币和外部货币理论、价格黏性理论等。这些理论的发展有助于我们理解现实经济的运行，同时也为我们分析和评价货币政策提供理论依据。

CMR 模型是一个对经济现实进行抽象和简化的模型，包含生产商、零售商、资本生产商、企业家、银行、居民以及政策制定等部门。生产商和零售商负责生产和销售最终商品，这些商品主要被用作消费和投资，被用作消费和投资的产品分别称为消费品和投资品，但是作为商品两者之间是无差异的。资本生产商购买投资品和扣除折旧后的资本品以生产资本品，再将这些资本品通过企业家部门租借给生产商部门用以生产最终商品。企业家的构造是为了描述经济体中的融资部门，企业家一方面提供资本服务，获取利息并买卖资本以获得价差，另一方面需要偿付资本使用造成的消耗并偿还银行贷款。银行部门吸收生产商和居民存款，同时给生产商提供短期贷款，给企业家提供长期贷款。居民部门通过选择商品、闲暇、资产组合参与经济活动。政策制定部门通过调整财政政策和货币政策在适当的时候对经济进行干预。

刘斌（2008）曾运用 CMR 模型模拟和探讨了货币政策的传导机制，仝冰（2010）运用 CMR 模型探讨了利率规则和货币规则的不同，并对利率之谜进行了研究。本部分试图运用 CMR 模型来模拟财政政策、货币政策及财政货币协同政策的效应，模拟各种情景对经济波动的影响。

第一节　居民行为和工资黏性

假设居民的寿命是无限期的，居民的最终目标是在资源约束条件下达到无限生命期内效用的最大化。最优化的过程中会面临各种选择，包括劳动和闲暇的选择、消费品的选择以及资产组合的选择。消费者的行为方程为：

$$E_t^j \sum_{l=0}^{\infty} \beta^{l-t} \left\{ u(C_{t+l} - bC_{t+l-1}) - \zeta_{t+l} z(h_{j,t+l}) + \upsilon_{t+l} \frac{\left[\left(\frac{P_{t+l} z_{t+l}}{M_{t+l}} \right)^{\theta_{t+l}} \left(\frac{P_{t+l} z_{t+l}}{D_{t+l}^h} \right)^{1-\theta_{t+l}} \right]^{1-\sigma_q}}{1 - \sigma_q} \right\}$$

$$(2-1)$$

其中，C_{t+l} 指 $(t+l)$ 期居民的消费量，$h_{j,t+l}$ 指劳动时间，z_{t+l} 是和劳动力相关的技术进步，M_{t+l} 是居民的现金需求，而 D_{t+l}^h 表示居民的存款需求，$\frac{P_{t+l} z_{t+l}}{M_{t+l}}$ 和 $\frac{P_{t+l} z_{t+l}}{D_{t+l}^h}$ 分别代指现金交易和存款转账在经济交易中的比例。b 是介于 0 和 1 之间的数值，它代指消费者的消费惯性，b 越大代表消费者的消费惯性越大，b 等于 0 时表示假定不存在消费惯性。θ_{t+l} 决定了消费者在交易时相对于使用存款转账偏爱使用现金交易的程度，θ_{t+l} 越大说明消费者现金需求越大。在这里假定 θ_{t+l} 是一个随机变量，是整个模型系统的不确定来源之一，服从 AR（1）过程。σ_q 为从而在市场上存活下来；$\omega < \bar{\omega}_{t+1}^N$ 则说明企业家没有在市场上存活下来，其资产用于偿还银行本息。贷款金额是在 $(t+1)$ 期其他外生冲击 ω 之后决定的，但 R_{t+1}^k、Z_{t+1}^N 要受到未知的财政货币政策冲击影响，因此 $\bar{\omega}_{t+1}^N$ 也将受未知的财政货币政策冲击的影响。

如果 $\omega < \bar{\omega}_{t+1}^N$，即使企业家把所有的收益 $(1 + R_{t+1}^k)\, \omega Q_{\bar{K'},t} \bar{K}_{t+1}^N$ 转移给银行，但该值是小于 $Z_{t+1}^N B_{t+1}^N$ 的，因此银行需要监管企业家的行为，其监管成本可表示为：

$$\mu(1 + R_{t+1}^k)\omega Q_{\bar{K'},t}\bar{K}_{t+1}^N$$

现在来考虑 Z_{t+1}^N 和 B_{t+1}^N 是如何决定的。假定银行以名义利率 R_{t+1}^e 来融资，t 期银行吸收定期存款并借贷给企业家，企业家用以购买资本 $\bar{K}_{t+1}^N$，银行零利润意味着：

$$[1 - F(\bar{\omega}_{t+1}^N)]Z_{t+1}^N B_{t+1}^N + (1 - \mu)\int_0^{\bar{\omega}_{t+1}^N}\omega dF(\omega)(1 + R_{t+1}^k)Q_{\bar{K'},t}\bar{K}_{t+1}^N$$
$$= (1 + R_{t+1}^e)B_{t+1}^N$$

即：

$$[1 - F(\bar{\omega}_{t+1}^N)]\bar{\omega}_{t+1}^N + (1 - \mu)\int_0^{\bar{\omega}_{t+1}^N}\omega dF(\omega) = \frac{1 + R_{t+1}^e}{1 + R_{t+1}^k} \cdot \frac{B_{t+1}^N}{Q_{\bar{K'},t}\bar{K}_{t+1}^N} \qquad (2-10)$$

从企业家角度看，完全竞争的借贷合约市场是最有效的。因此，可在银行零利润约束条件下，来最大化企业家的效用。

对于标准的信贷合同，企业家的利润可表示为：

$$E\left\{\int_{\bar{\omega}_{t+1}^N}^{\infty}[(1 + R_{t+1}^k)\omega Q_{\bar{K'},t}\bar{K}_{t+1}^N - Z_{t+1}^N B_{t+1}^N]dF(\omega)\mid\Omega_t, X_t\right\}$$
$$= E\left\{\int_{\bar{\omega}_{t+1}^N}^{\infty}[\omega - \bar{\omega}_{t+1}^N]dF(\omega)(1 + R_{t+1}^k)\mid\Omega_t, X_t\right\}Q_{\bar{K'},t}\bar{K}_{t+1}^N$$
$$(2-11)$$

因为 $1 = \int_0^\infty \omega dF(\omega) = \int_{\bar{\omega}_{t+1}^N}^\infty \omega dF(\omega) + G(\bar{\omega}_{t+1}^N)$

其中，

$$G(\bar{\omega}_{t+1}^N) = \int_0^{\bar{\omega}_{t+1}^N} \omega dF(\omega)$$

$$\Gamma(\bar{\omega}_{t+1}^N) = \bar{\omega}_{t+1}^N [1 - F(\bar{\omega}_{t+1}^N)] + G(\bar{\omega}_{t+1}^N)$$

所以企业家的效用目标函数可表示为：

$$E\{[1 - \Gamma(\bar{\omega}_{t+1}^N)](1 + R_{t+1}^k) \mid \Omega_t\} Q_{\bar{K}',t} \bar{K}_{t+1}^N$$

将上式除以 $(1 + R_{t+1}^e) N_{t+1}$ 可得：

$$E\{[1 - \Gamma(\bar{\omega}_{t+1}^N)] \tilde{u}_{t+1} \mid \Omega_t\} s_{t+1} \frac{Q_{\bar{K}',t} \bar{K}_{t+1}^N}{N_{t+1}} \tag{2-12}$$

其中 $\tilde{u}_{t+1} = \dfrac{1 + R_{t+1}^k}{E(1 + R_{t+1}^k \mid \Omega_t^\mu)}$ ，$s_{t+1} = \dfrac{E(1 + R_{t+1}^k \mid \Omega_t^\mu)}{1 + R_{t+1}^e}$ ，

令 $k_{t+1}^N = \dfrac{Q_{\bar{K}',t} \bar{K}_{t+1}^N}{N_{t+1}}$ ，以拉格朗日函数重新整理企业家的最优化方程可得：

$$\max_{\bar{\omega}_{t+1}^N, k_{t+1}^N} E\{[1 - \Gamma(\bar{\omega}_{t+1}^N)] \tilde{u}_{t+1} s_{t+1} k_{t+1}^N + \lambda^N [k_{t+1}^N \tilde{u}_{t+1} s_{t+1} (\Gamma(\bar{\omega}_{t+1}^N) - \mu G(\bar{\omega}_{t+1}^N)) - k_{t+1}^N + 1] \mid \Omega_t\}$$

因为该式不是跨期优化的函数，所以可省略其时间下标及相应的企业家上标。

对 k_{t+1}^N 、$\bar{\omega}_{t+1}^N$ 、λ^N 三个变量求一阶条件得：

$$[1 - \Gamma(\bar{\omega})] \tilde{u}s + \lambda \tilde{u}s [\Gamma(\bar{\omega}) - \mu G(\bar{\omega})] = 0 \tag{2-13}$$

$$\Gamma'(\bar{\omega}) = \lambda [\Gamma'(\bar{\omega}) - \mu G'(\bar{\omega})] \tag{2-14}$$

$$k\tilde{u}s [\Gamma(\bar{\omega}) - \mu G(\bar{\omega})] - k + 1 = 0 \tag{2-15}$$

3. 企业家的净资产

企业家的净利润，也就是付给银行利息后剩下的利润为：

$$V_t^N = (1 + R_t^k) Q_{\bar{K'}, t-1} \bar{K}_t^N - \Gamma(\bar{\omega}_t^N)(1 + R_t^k) Q_{\bar{K'}, t-1} \bar{K}_t^N$$

假定 R_t^k、$\bar{\omega}_t$ 与 N_t 无关，可以得到：

$$V_t \equiv \int_0^\infty V_t^N f_t(N) dN = (1 + R_t^k) Q_{\bar{K'}, t-1} \bar{K}_t - \Gamma(\bar{\omega}_t^N)(1 + R_t^k) Q_{\bar{K'}, t-1} \bar{K}_t$$

经过适当转换可得：

$$V_t = (1 + R_t^k) Q_{\bar{K'}, t-1} \bar{K}_t -$$

$$\left\{ 1 + R_t^e + \frac{\mu \int_0^{\bar{\omega}_t} \omega dF(\omega)(1 + R_t^k) Q_{\bar{K'}, t-1} \bar{K}_t}{Q_{\bar{K'}, t-1} \bar{K}_t - \bar{N}_t} \right\} (Q_{\bar{K'}, t-1} \bar{K}_t - \bar{N}_t)$$

考虑到企业家的破产比例为 $(1 - \gamma)$，净资产的演化方程为：

$$\bar{N}_{t+1} = W_t^e +$$

$$\gamma \left\{ (1 + R_t^k) Q_{\bar{K'}, t-1} \bar{K}_t - \left[1 + R_t^e + \frac{\mu \int_0^{\bar{\omega}_t} \omega dF(\omega)(1 + R_t^k) Q_{\bar{K'}, t-1} \bar{K}_t}{Q_{\bar{K'}, t-1} \bar{K}_t - \bar{N}_t} \right] (Q_{\bar{K'}, t-1} \bar{K}_t - \bar{N}_t) \right\}$$

$$(2 - 16)$$

其中，W_t^e 是政府对企业家的转移支付。破产企业家的当期消费为：

$$P_t C_t^e = \Theta(1 - \gamma) V_t$$

第四节　银行行为

假定市场中存在大量相互竞争的银行，银行的所有决策都是在预期到各种冲击之后进行的。银行的生产函数为：

$$\frac{D_t}{P_t} = a^b x_t^b \left((K_t^b)^\alpha (z_t l_t^b)^{1-\alpha} \right)^{\xi_t} \left(\frac{E_t^r}{P_t} \right)^{1-\xi_t} \tag{2-17}$$

其中，a^b 是大于 0 小于 1 的正实数，x_t^b 是均值为 1 的银行技术冲击，$\xi_t \in (0,1)$ 是与 E_t^r 相关的。在银行生产函数中加入超额储备用以描述银行应对挤兑的审慎行为。

考虑典型银行的资产负债表：银行资产主要是贷款和现金储备，现金储备包括法定存款准备金和超额准备金，两者是高能货币。高能货币通过货币乘数可以创造存款需求，现金储备来源于居民存款 A_t 以及央行付给居民的新增货币 X_t。银行体系的全部存款为 $(A_t + X_t)$。银行贷款主要是借给生产商与银行自身以满足它们流动资金的需要、借给企业家以满足其购买资本设备的需要。

银行有两种负债：活期存款 D_t 与定期存款 T_t。活期存款利率是 R_{at}，活期存款来源于：其一，居民存款以及央行付给居民的新增货币 $(A_t + X_t)$，以 D_t^h 表示；其二，银行贷出的流动资金也将以活期存款的形式出现，以 D_t^f 表示。银行总存款为：

$$D_t = D_t^h + D_t^f$$

定期存款与活期存款主要有三点不同：第一，活期存款产生交易费用，而定期存款没有；第二，定期存款有较长的期限结构；第三，银行把活期存款作为短期贷款借给生产商与银行自身以满足它们流动资金的需要，而把定期存款借给企业家以满足其购买资本设备的需要。

假定流动资金贷款的实际利息为 $(R_t + R_{at})$，短期贷款利息和活期存款利息之差为 R_t，这部分利润由于银行为居民提供交易服务而被当作服务费用归银行所有。

与活期存款不同，假设定期存款不存在交易服务，银行不会因为定期存款而获得利润。由于银行竞争性的特点，银行吸收定期存款支付的利率 R_t^e 和银行与企业家债务合同约定的利率相同。假定定期存款的期限结构和标准的借贷合同是一致的，但与活期存款和作为流动资金的短期贷款的期限结构不同。

在描述银行资产负债表时需关注两个重要的时间点：其一，在商品市场交易发生之前，此时银行对流动资金贷款和活期存款是开放的；其二，在商品市场交易之后，此时银行对企业家贷款和定期存款是开放的。在商品市场交易发生之前，银行的资产负债结构如下：

$$D_t + T_{t-1} = A_t + X_t + S_t^\omega + B_t \qquad (2-18)$$

其中，S_t^ω 是作为流动资金的短期贷款。央行对商业银行加以存款准备金限制，要求商业银行将存款比例 τ 以现金形式存入中央银行。于是可用的存款就是：

$$E_t^r = A_t + X_t - \tau_t D_t \qquad (2-19)$$

在商品市场交易完成之后，考虑活期存款需求的流动性特点，所以 $D_t = 0$ 而 $A_t + X_t$ 返还给了居民。此时这三项以及短期贷款 S_t^ω 将不出现在等式中，而企业家贷款 B_t 将被 B_{t+1} 取代，此时也有了新定期存款 T_t。

在商品市场出清之后，银行开始处理发生在商品市场、上一期企业家贷款以及定期存款市场产生的交易成本。假定该期结束时生产商流动资金的成本全部来源于银行短期贷款：

$$(1 + R_t)S_t^\omega = (1 + R_t)(\psi_{l,t}W_t l_t + \psi_{k,t}P_t r_t^k K_t)$$

企业家贷款到期时履行的是前期的贷款合约，因此价格是上期的价格，扣除银行监管成本后的所得为：

$$(1 + R_t^e)(Q_{K',t-1}^- \bar{K}_t - \bar{N}_t)$$

银行资金主要用于两方面。第一，付活期存款和定期存款的利息，分别为 $(1 + R_{at})D_t$ 和 $(1 + R_t^e)T_{t-1}$。第二，付给生产商用作流动资金的存款利息和监管费用。这些利息和费用的处理方式同商品部门一样。特别地，银行需要事先为该部门的资本和劳动力融资，所以期末总成本为 $(1 + \psi_{k,t}R_t)P_t r_t^k K_t^b$。这样银行资金的净值为：

$$
\begin{aligned}
\Pi_t^b &= (A_t + X_t) + (1 + R_t + R_{at})S_t^\omega - (1 + R_{at})D_t + T_t - B_{t+1} \\
&\quad - [(1 + \psi_{k,t}R_t)P_t r_t^k K_t^b] - [(1 + \psi_{l,t}R_t)W_t l_t^b] \\
&\quad + \left[1 + R_t^e + \frac{\mu \int_0^{\bar{\omega}_t} \omega dF(\omega)(1 + R_t^k)Q_{\bar{K}',t-1}\bar{K}_t}{Q_{\bar{K}',t-1}\bar{K}_t - \bar{N}_t} \right] B_t \\
&\quad - \mu \int_0^{\bar{\omega}_t} \omega dF(\omega)(1 + R_t^k)Q_{\bar{K}',t-1}\bar{K}_t - (1 + R_t^e)T_{t-1}
\end{aligned}
$$

资金市场是完全竞争市场，劳动力市场也是自由流动的，所以对银行而言工资和利率是给定的，银行的利润以分红的形式分配给居民 Π_t^b。银行决策目标是预期利润最大化：

$$
E_0 \sum_{t=0}^{\infty} \beta^t \lambda_t \Pi_t^b
$$

其中，λ_t 是居民最优化行为中对 Π_t^b 的乘数。在银行行为中，该值假定为给定的常数。在约束条件（2-13）~（2-15）下，选择 $\{S_t^\omega, B_{t+1}, D_t, T_t, K_t^b, l_t^b, E_t^r; t \geq 0\}$，最优化其行为决策。

银行最优化行为的拉格朗日函数为：

$$
\begin{aligned}
\max_{A_t, S_t^\omega, K_t^b, l_t^b} &\{ R_t S_t^\omega - R_{at}(A_t + X_t) - [(1 + \psi_{k,t}R_t)P_t r_t^k K_t^b] - [(1 + \psi_{l,t}R_t)W_t l_t^b] \} \\
&+ \lambda_t^b \left[h\left(x_t^b, K_t^b, l_t^b, \frac{A_t + X_t - \tau_t(A_t + X_t + S_t^\omega)}{P_t}, \xi_t, z_t\right), \frac{A_t + X_t + S_t^\omega}{P_t} \right]
\end{aligned}
$$

其中，

$$h(x_t^b, K_t^b, l_t^b, e_t^r, \xi_t, z_t) = a^b x_t^b ((K_t^b)^\alpha (z_t l_t^b)^{1-\alpha})^{\xi_t} (e_t^r)^{1-\xi_t}$$

$$e_t^r = \frac{E_t^r}{P_t} = \frac{A_t + X_t - \tau_t(A_t + X_t + S_t^\omega)}{P_t}$$

对 A_t、S_t^ω、K_t^b、l_t^b 的一阶条件为:

$$-R_{at} + \lambda_t^b \frac{1}{P_t}[(1-\tau_t)h_{e^r,t} - 1] = 0 \qquad (2-20)$$

$$R_t - \lambda_t^b \frac{1}{P_t}[\tau_t h_{e^r,t} + 1] = 0 \qquad (2-21)$$

$$-(1 + \psi_{k,t} R_t)P_t r_t^k + \lambda_t^b h_{K_t^b,t} = 0 \qquad (2-22)$$

$$-(1 + \psi_{l,t} R_t)W_t + \lambda_t^b h_{l_t^b,t} = 0 \qquad (2-23)$$

将式（2-21）中的 λ_t^b 代入式（2-22）和式（2-23），得到:

$$(1 + \psi_{k,t} R_t)r_t^k = \frac{R_t h_{K_t^b,t}}{1 + \tau_t h_{e^r,t}}$$

$$(1 + \psi_{l,t} R_t)\frac{W_t}{P_t} = \frac{R_t h_{l_t^b,t}}{1 + \tau_t h_{e^r,t}}$$

这是银行选择最优资本和劳动的一阶条件。银行在选择投入要素的时候会试图使每个要素的边际产出等于边际成本。银行发放贷款时的边际产出必须考虑两个因素：短期贷款的增加要求等额的存款需求增加；而在存款需求增加的同时也要求储备增加。前者在生产函数中以要素的边际产出增加贷款，而后者（储备）反之。为了分析银行与生产商资本劳动比的一致性，将以上比率代入相应方程中可得:

$$\frac{(1 + \psi_{k,t} R_t)r_t^k}{(1 + \psi_{l,t} R_t)\frac{W_t}{P_t}} = \frac{R_t h_{K_t^b,t}}{R_t h_{l_t^b,t}}$$

$$= \frac{\alpha \xi_t a^b x_t^b [(K_t^b)^\alpha (z_t l_t^b)^{1-\alpha}]^{\xi_t - 1}\left(\frac{E_t^r}{P_t}\right)^{1-\xi_t}(K_t^b)^{\alpha-1}(z_t l_t^b)^{1-\alpha}}{(1-\alpha)\xi_t a^b x_t^b [(K_t^b)^\alpha (z_t l_t^b)^{1-\alpha}]^{\xi_t - 1}\left(\frac{E_t^r}{P_t}\right)^{1-\xi_t}(K_t^b)^\alpha (z_t l_t^b)^{1-\alpha} z_t}$$

$$= \frac{\alpha}{(1-\alpha)z_t}\left[\frac{\mu_{z,t}(1 - \nu_t^l)l_t}{(1 - \nu_t^k)k_t}\right]$$

将式（2-21）代入式（2-20）中得到：

$$R_{at} = \frac{(1-\tau_t)h_{e^r,t}-1}{\tau_t h_{e^r,t}+1}R_t \qquad (2-24)$$

该式可以看作银行选择居民存款的一阶条件，右边代表短期贷款的净利率，而左边代表成本。

第五节　商品市场出清

对商品的需求主要来源于以下几个方面：破产的企业家消耗与净资产价值相同的商品；存活的企业家消耗资产成本；居民消费商品；政府支出；资产生产商购买投资品；银行的监管费用等。

企业家的破产比例为 $(1-\gamma)$，其消耗的净资产的比例为 Θ，消耗的商品为 $\dfrac{\Theta(1-\gamma)V_t}{P_t}$。对于存活下来的企业家，其资本使用成本为 $a(u_t)\bar{K}_t$，居民消费为 C_t，政府消费为 Q_t，资本生产商投资为 I_t，银行隐含监管成本为 $\mu\displaystyle\int_0^{\bar{\omega}_t}\omega dF(\omega)(1+R^k)Q_{\bar{K},t-1}\bar{K}_t$。

其他我们感兴趣的变量包括度量外部融资溢价的工具。对于企业家借到的每一单位货币，银行获得：

$$1+R_t^e+\frac{\mu\displaystyle\int_0^{\bar{\omega}_t}\omega dF(\omega)(1+R_t^k)Q_{\bar{K},t-1}\bar{K}_t}{Q_{\bar{K},t-1}\bar{K}_t-\bar{N}_t}$$

这是在 CSV 假定下无论是破产的还是生存下来的企业家的回报率。稳态下得到：

$$1+R^e+\frac{\mu G(\bar{\omega})(1+R^k)k}{k-n}$$

我们将超出 $1 + R^e$ 的部分称为平均外部融资溢价。边际外部融资成本是企业家付给银行的利率超过 $1 + R^e$。回报率的总利率由下列方程求解而来：

$$\bar{\omega}(1 + R^k)P_t z_t k = Z(P_t z_t k - P_t z_t n)$$

或者

$$Z = \frac{\bar{\omega}(1 + R^k)P_t z_t k}{k - n}$$

监管成本以季度 GDP 的比来表示：

$$\frac{\mu \int_0^{\bar{\omega}_t} \omega dF(\omega)(1 + R_t^k)Q_{K,t-1}^- \bar{K}_t}{P_t Y_t}$$

这里是没有标准化之前的，以标准化之后的方程表示：

$$\frac{\mu \int_0^{\bar{\omega}_t} \omega dF(\omega)(1 + R_t^k)Q_{K,t-1}^- \bar{K}_t}{P_t Y_t} = \frac{\mu G(\bar{\omega})(1 + R^k)k}{\pi \mu_z y}$$

现金存款比为：

$$\frac{M_t}{A_t + X_t + S_t^w}$$

其中，

$$S_t^w = \psi_{l,t}W_t l_t + \psi_{k,t}P_t r_t^k K_t$$

或者

$$\frac{M_t}{M_t^b - M_t + X_t + \psi_{l,t}W_t l_t + \psi_{k,t}P_t r_t^k K_t}$$
$$= \frac{m_t}{1 - m_t + x_t + \psi_{l,t}\dfrac{W_t}{M_t^b}l_t + \psi_{k,t}\dfrac{P_t r_t^k K_t}{M_t^b}}$$

$$= \frac{m}{1 - m + x + \psi_l \dfrac{w}{m^b}l + \psi_k \dfrac{P_t r^k z_{t-1} k}{P_t z_t m^b}}$$

$$= \frac{m}{1 - m + x + \psi_l \dfrac{w}{m^b}l + \psi_k \dfrac{r^k k}{\mu_z m^b}}$$

我们比较关注流通速度的概念，这样基础货币的流通速度为：

$$\frac{P_t Y_t}{M_t^b} = \frac{P_t z_t y}{P_t z_t m^b} = \frac{y}{m^b}$$

M_1 的流通速度为：

$$\frac{P_t Y_t}{M_t + M_t^b - M_t + X_t + \psi_{l,t} W_t l_t + \psi_{k,t} P_t r_t^k K_t}$$

$$= \frac{P_t z_t y}{M_t^b \left[1 + x_t + \psi_{l,t} \dfrac{W_t}{M_t^b}l_t + \psi_{k,t} \dfrac{P_t r_t^k K_t}{M_t^b} \right]}$$

$$= \frac{y}{(1 + x) m^b + \psi_l wl + \dfrac{\psi_k r^k k}{\mu_z}}$$

我们现在定义 M_3 为 M_1 加上长期存款，这样 M_3 的流通速度为：

$$\frac{P_t Y_t}{M_t + M_t^b - M_t + X_t + \psi_{l,t} W_t l_t + \psi_{k,t} P_t r_t^k K_t + P_{t-1} \bar{K}_t - \bar{N}_t}$$

用到的稳态条件为：$Q_{\bar{K},t-1} = P_{t-1}$ 。现在开始标准化：

$$\frac{P_t Y_t}{M_t + M_t^b - M_t + X_t + \psi_{l,t} W_t l_t + \psi_{k,t} P_t r_t^k K_t + P_{t-1} \bar{K}_t - \bar{N}_t}$$

$$= \frac{P_t z_t y}{M_t^b \left[1 + x_t + \psi_{l,t} \dfrac{W_t}{M_t^b}l_t + \psi_{k,t} \dfrac{P_t r_t^k K_t}{M_t^b} + P_{t-1} z_{t-1} k \dfrac{1}{\pi \mu_z M_t^b} - P_{t-1} z_{t-1} k \dfrac{1}{\pi \mu_z M_t^b} \right]}$$

$$= \frac{y}{(1 + x) m^b + \psi_l wl + \dfrac{\psi_k r^k k}{\mu_z} + (k - n) / \pi \mu_z}$$

现在我们构建银行的资产负债表。对于银行来说，资产是流动贷款

（包括劳动和资本租金）、对企业家的贷款和储备。而负债是居民存款需求和长期存款需求。我们将资产负债表的各个部分表示为总资产的一部分，得劳动工资贷款份额为：

$$
\begin{aligned}
&\frac{\psi_{l,t}W_t l_t}{M_t^b - M_t + X_t + \psi_{l,t}W_t l_t + \psi_{k,t}P_t r_t^k K_t + P_{t-1}\bar{K}_t - \bar{N}_t} \\
&= \frac{P_t z_t \psi_l wl}{M_t^b[1 - m + x + (\psi_l wl + \psi_k r^k k/\mu_z + (k-n)/(\pi\mu_z))/m^b]} \\
&= \frac{\psi_l wl}{m^b(1 - m + x) + (\psi_l wl + \psi_k r^k k/\mu_z + (k-n)/(\pi\mu_z))}
\end{aligned}
$$

资本租金份额为：

$$
\begin{aligned}
&\frac{\psi_{k,t}P_t r_t^k K_t}{M_t^b - M_t + X_t + \psi_{l,t}W_t l_t + \psi_{k,t}P_t r_t^k K_t + P_{t-1}\bar{K}_t - \bar{N}_t} \\
&= \frac{\psi_k r^k k/\mu_z}{m^b(1 - m + x) + (\psi_l wl + \psi_k r^k k/\mu_z + (k-n)/(\pi\mu_z))}
\end{aligned}
$$

对企业家的贷款为：

$$
\frac{(k-n)/(\pi\mu_z)}{m^b(1 - m + x) + (\psi_l wl + \psi_k r^k k/\mu_z + (k-n)/(\pi\mu_z))}
$$

总的储备为：

$$
\begin{aligned}
&\frac{M_t^b - M_t + X_t}{M_t^b - M_t + X_t + \psi_{l,t}W_t l_t + \psi_{k,t}P_t r_t^k K_t + P_{t-1}\bar{K}_t - \bar{N}_t} \\
&= \frac{m^b(1 - m + x)}{m^b(1 - m + x) + (\psi_l wl + \psi_k r^k k/\mu_z + (k-n)/(\pi\mu_z))}
\end{aligned}
$$

法定准备金为：

$$
\frac{\tau(m^b(1 - m + x) + (\psi_l wl + \psi_k r^k k/\mu_z))}{m^b(1 - m + x) + (\psi_l wl + \psi_k r^k k/\mu_z + (k-n)/(\pi\mu_z))}
$$

超额准备金为：

$$\frac{m^b(1 - m + x) - \tau(m^b(1 - m + x) + (\psi_l wl + \psi_k r^k k/\mu_z))}{m^b(1 - m + x) + (\psi_l wl + \psi_k r^k k/\mu_z + (k - n)/(\pi\mu_z))}$$

需求存款占总资产的比为：

$$\frac{\psi_{l,t} W_t l_t + \psi_{k,t} P_t r_t^k K_t}{M_t^b - M_t + X_t + \psi_{l,t} W_t l_t + \psi_{k,t} P_t r_t^k K_t + P_{t-1} \bar{K}_t - \bar{N}_t}$$

$$= \frac{\psi_l wl + \psi_k r^k k/\mu_z}{m^b(1 - m + x) + (\psi_l wl + \psi_k r^k k/\mu_z + (k - n)/(\pi\mu_z))}$$

第三章　DSGE 模型线性化、求解和估计

模型的构建完成以后，还需要对模型和数据进行处理，以便形成可供实证分析的工具。这个过程大致分为四步，第一步将一阶条件进行线性化；第二步将线性化的模型转化为可供估计的模型；第三步将观测到的数据进行处理以与模型相契合；这三步完成之后就是估计该模型，估计模型的参数是 DSGE 模型的重要一步。贝叶斯估计方法有逻辑上的完美倾向，使很多学者倾向于选择贝叶斯估计。主要的原因是我们通常所获得的信息只是条件信息。这些信息包括模型的结构、参数的先验分布以及所观测到的数据。估计过程大致为通过模型结构和所观测到的数据形成似然函数，再利用贝叶斯法则将似然函数和先验分布结合形成后验分布。

第一节　CMR 模型线性化

1. 生产商

和物价相关的方程为：

$$E\left[\hat{\pi}_t - \frac{1}{1+\beta}\hat{\pi}_{t-1} - \frac{\beta}{1+\beta}\hat{\pi}_{t+1} - \frac{(1-\beta\xi_p)(1-\xi_p)}{(1+\beta)\xi_p}(\hat{s}_t + \hat{\lambda}_{f,t}) \mid \Omega_t\right] = 0 \quad (3.1-1)$$

边际成本的线性化方程为：

$$\alpha\hat{r}_t^k + \frac{\alpha\psi_k R}{1 + \psi_k R}\hat{\psi}_{k,t} + (1 - \alpha)\hat{w}_t + \frac{(1 - \alpha)\psi_l R}{1 + \psi_l R}\hat{\psi}_{l,t}$$

$$+ \left[\frac{\alpha\psi_k R}{1 + \psi_k R} + \frac{(1 - \alpha)\psi_l R}{1 + \psi_l R}\right]\hat{R}_t - \hat{\varepsilon}_t^f - \hat{s}_t = 0 \qquad (3.1 - 2)$$

边际成本必须满足的另外一个条件是边际成本需要等于单位资本服务的边际成本除以单位资本服务的边际产品。线性化之后为：

$$\hat{r}_t^k + \frac{\psi_k R}{1 + \psi_k R}(\hat{\psi}_{k,t} + \hat{R}_t) - \hat{\varepsilon}_t^f - (1 - \alpha)(\hat{\mu}_{z,t} + \hat{l}_t - [\hat{\bar{k}}_t + \hat{u}_t]) - \hat{s}_t = 0 \qquad (3.1 - 3)$$

2. 资本生产商

托宾 q 的方程式为：

$$E\{\hat{q}_t - S''\mu_z^2(1 + \beta)\hat{i}_t - S''\mu_z^2\hat{\mu}_{z,t} + S''\mu_z^2\hat{i}_{t-1} + \beta S''\mu_z^2\hat{i}_{t+1} + \beta S''\mu_z^2\hat{\mu}_{\mu,t+1} \mid \Omega_t\} = 0 \qquad (3.1 - 4)$$

3. 企业家

资本使用率方程为：

$$E[\hat{r}_t^k - \sigma_a\hat{u}_t \mid \Omega_t] = 0 \qquad (3.1 - 5)$$

其中，$\hat{r}_t^k$ 表示资本的租金。标准的借款合同有两个变量——借款额度和 $\hat{\bar{\omega}}_{t+1}$。和借款额度有关的一阶条件为：

$$E\left\{\lambda\left(\frac{R^k}{1 + R^k}\hat{R}_{t+1}^k - \frac{R^e}{1 + R^e}\hat{R}_{t+1}^e\right)\right.$$

$$\left. - [1 - \Gamma(\bar{\omega})]\frac{1 + R^k}{1 + R^e}\left[\frac{\Gamma''(\bar{\omega})\bar{\omega}}{\Gamma'(\bar{\omega})} - \frac{\lambda[\Gamma''(\bar{\omega}) - \mu G''(\bar{\omega})]\bar{\omega}}{\Gamma'(\bar{\omega})}\right]\hat{\bar{\omega}}_{t+1} \mid \Omega_t^\mu\right\} = 0$$

$$(3.1 - 6)$$

注意这不是一个关于 $t + 1$ 期不确定的方程。同样，当 $\mu = 0$ 时，$\lambda = 0$，这个方程变为 $E[\hat{R}_{t+1}^k \mid \Omega_t^\mu] = \hat{R}_{t+1}^e$。线性化后的利润条件是：

$$\left(\frac{\bar{k}}{n} - 1\right)\frac{R^k}{1 + R^k}\hat{R}^k_t - \left(\frac{\bar{k}}{n} - 1\right)\frac{R^e}{1 + R^e}\hat{R}^e_t + \left(\frac{\bar{k}}{n} - 1\right)\frac{\Gamma'(\bar{\omega}) - \mu G'(\bar{\omega})\bar{\omega}}{\Gamma(\bar{\omega}) - \mu G(\bar{\omega})}\hat{\bar{\omega}}_t$$

$$- (\hat{q}_{t-1} + \hat{\bar{k}}_t - \hat{n}_t) = 0 \qquad\qquad (3.1 - 7)$$

净财富的积累方程为：

$$-\hat{n}_{t+1} + \alpha_0\hat{R}^k_t + \alpha_1\hat{R}^e_t + \alpha_2\hat{\bar{k}}_t + \alpha_3\hat{\omega}^e_t + \alpha_4\hat{\gamma}_t + \alpha_5\hat{\pi}_t + \alpha_6\hat{\mu}_{z,t} + \alpha_7\hat{q}_{t-1} + \alpha_8\hat{\omega}_t + \alpha_9\hat{n}_t = 0$$

$$(3.1 - 8)$$

资本回报率的定义为：

$$\hat{R}^k_{t+1} - \frac{(1 - \tau^k)r^k + (1 - \delta)q}{R^k q}\pi\left[\frac{(1 - \tau^k)r^k\hat{r}^k_{t+1} - \tau^k r\hat{\tau}^k_t + (1 - \delta)q\hat{q}_{t+1}}{(1 - \tau^k)r^k + (1 - \delta)q} + \hat{\pi}_{t+1} - \hat{q}_t\right]$$

$$- \frac{\delta\tau^k\hat{\tau}^k_t}{R^k} = 0 \qquad\qquad (3.1 - 9)$$

4. 银行部门

在银行部门的方程中，资本服务不是资本存量，资本服务和资本存量之间的关系为：

$$\hat{k}_t = \hat{\bar{k}}_t + \hat{u}_t$$

银行储备增加值比的方程为：

$$-\hat{e}_{v,t} + n_\tau\hat{\tau}_t + n_{mb}\hat{m}^b_t + n_m\hat{m}_t + n_x\hat{x}_t + n_{\psi_l}\hat{\psi}_{l,t} + n_{\psi_k}\hat{\psi}_{k,t} + (n_k - d_k)(\hat{\bar{k}}_t + \hat{u}_t)$$

$$+ n_{rk}\hat{r}^k_t + n_w\hat{w}_t + (n_l - d_l)\hat{l}_t + (n_{\mu_z} - d_{\mu_z})\hat{\mu}_{z,t} - d_{vk}\hat{v}^k_t - d_{vl}\hat{v}^l_t = 0 \qquad (3.1 - 10)$$

其中，$\hat{m}^b_t$ 是规模化的基础货币，$\hat{m}_t$ 是现金基础货币比，$\hat{x}_t$ 是基础货币增长率。

因为银行部门中关于资本的一阶条件和企业相同，所以整个系统重复包括了该部门。

银行部门中关于劳动力的一阶条件为：

$$l_R \hat{R}_t + l_\xi \hat{\xi}_t - \hat{w}_t + l_x \hat{x}_t^b + l_e \hat{e}_{v,t} + l_\mu \hat{\mu}_{z,t} + l_{\nu l} \hat{\nu}_t^l + l_{\nu k} \hat{\nu}_t^k + l_l \hat{l}_t + l_k (\hat{k}_t + \hat{u}_t) +$$
$$l_\tau \hat{\tau}_t + l_{\psi_l} \hat{\psi}_{l,t} = 0 \tag{3.1-11}$$

银行部门的生产函数为:

$$\hat{x}_t^b - \xi \hat{e}_{v,t} - \log(e_v) \xi \hat{\xi}_t - \frac{\tau(m_1 + m_2)}{(1-\tau)m_1 - \tau m_2} \hat{\tau}_t$$

$$= \left[\frac{m_1}{m_1 + m_2} - \frac{(1-\tau)m_1}{(1-\tau)m_1 - \tau m_2} \right] \left[\hat{m}_t^b + \frac{-m\hat{m}_t + x\hat{x}_t}{1 - m - x} \right]$$

$$+ \left[\frac{m_2}{m_1 + m_2} + \frac{\tau m_2}{(1-\tau)m_1 - \tau m_2} \right] \left[\frac{\psi_l wl}{\psi_l wl + \psi_k r^k k/\mu_z} (\hat{\psi}_{l,t} + \hat{w}_t + l_x) + \right.$$

$$\left. \frac{\psi_k r^k k/\mu_z}{\psi_l wl + \psi_k r^k k/\mu_z} (\hat{\psi}_{k,t} + \hat{r}_t^k + \hat{k}_t - \hat{\mu}_{z,t}) \right] \tag{3.1-12}$$

其中，$m_1 + m_2$ 是总的存款，是 $m_1 - \tau(m_1 + m_2)$ 超额储备。

$$\hat{R}_{at} - \left[\frac{h_{e^r} - \tau h_{e^r}}{(1-\tau)h_{e^r} - 1} - \frac{\tau h_{e^r}}{\tau h_{e^r} + 1} \right] \left\{ - \left[\frac{1}{1-\xi} + \log(e_v) \right] \xi \hat{\xi}_t + \hat{x}_t^b - \xi \hat{e}_{v,t} \right\} +$$

$$\left[\frac{\tau h_{e^r}}{(1-\tau)h_{e^r} - 1} + \frac{\tau h_{e^r}}{\tau h_{e^r} + 1} \right] \hat{\tau}_t - \hat{R}_t = 0 \tag{3.1-13}$$

在没有银行部门的模型中，我们有个借贷市场出清的条件:

$$\psi_{l,t} W_t l_t + \psi_{k,t} P_t r_t^k K_t = M_t^b - M_t + X_t$$

方程的右边是以借贷为目的的基础货币供给，而方程的左边是相应的需求。用 $P_t z_t$ 标准化以上公式得:

$$\psi_{l,t} w_t l_t + \psi_{k,t} r_t^k u_t \frac{\bar{k}_t}{\mu_{z,t}} = m_t^b (1 - m_t + x_t)$$

对以上公式线性化得到:

$$\psi_l wl [\hat{\psi}_{l,t} + \hat{w}_t + \hat{l}_t] + \psi_k r^k \frac{\bar{k}}{\mu_z} [\hat{\psi}_{k,t} + \hat{r}_t^k + \hat{u}_t + \hat{k}_t - \hat{\mu}_{z,t}]$$

$$- m^b (1 - m + x) \left[\hat{m}_t^b + \frac{-m\hat{m}_t + x\hat{x}_t}{1 - m_t + x_t} \right] = 0 \tag{3.1-14}$$

5. 居民

效用 u_c^z 的定义式为：

$$
E\left\{ u_c^z \hat{u}_{c,t}^z - \left[\frac{\mu_z}{c(\mu_z - b)} - \frac{\mu_z^2 c}{c^2 (\mu_z - b)^2} \right] \hat{\mu}_{z,t} - b\beta \frac{\mu_z c}{c^2 (\mu_z - b)^2} \hat{\mu}_{z,t+1} \right.
$$

$$
\left. + \frac{\mu_z^2 + \beta b^2}{c^2 (\mu_z - b)^2} c\hat{c}_t - \frac{b\beta\mu_z}{c^2 (\mu_z - b)^2} c\hat{c}_{t+1} - \frac{b\mu_z}{c^2 (\mu_z - b)^2} c\hat{c}_{t-1} \mid \Omega_t^\mu \right\} = 0
$$

(3.1 − 15)

对于长期存款的一阶条件是：

$$
E\left\{ -\hat{\lambda}_{z,t} + \hat{\lambda}_{z,t+1} - \hat{\mu}_{z,t+1} - \hat{\pi}_{t+1} - \frac{R^e \tau^T}{1 + (1 - \tau^T) R^e} \hat{\tau}_{t+1}^T + \frac{R^e (1 - \tau^T)}{1 + (1 - \tau^T) R^e} \hat{R}_{t+1}^e \mid \Omega_t^\mu \right\} = 0
$$

(3.1 − 16)

居民的资本选择的一阶条件为：

$$
E\left\{ -\hat{\lambda}_{z,t} + \left[\frac{R^k}{1 + R^k} \hat{R}_{t+1}^k + \hat{\lambda}_{z,t+1} - \hat{\mu}_{z,t+1} - \hat{\pi}_{t+1} \right] \mid \Omega_t \right\} = 0
$$

(3.1 − 17)

居民的关于现金持有的一阶条件为：

$$
\hat{v}_t + (1 - \sigma_q)\hat{c}_t + \left\{ -(1 - \sigma_q)\left[\theta - (1 - \theta)\frac{m}{1 - m + x} \right] - \frac{\frac{\theta}{m} + \frac{1 - \theta}{(1 - m + x)^2}m}{\frac{\theta}{m} - \frac{1 - \theta}{1 - m + x}} \right\}\hat{m}_t
$$

$$
- \left[\frac{(1 - \sigma_q)(1 - \theta)x}{1 - m + x} - \frac{\frac{1 - \theta}{(1 - m + x)^2}x}{\frac{\theta}{m} - \frac{1 - \theta}{1 - m + x}} \right]\hat{x}_t
$$

$$
+ \left\{ -(1 - \sigma_q)[\log(m) - \log(1 - m + x)] + \frac{(1 + x)}{\theta(1 + x) - m} \right\}\theta\hat{\theta}_t
$$

$$
- (2 - \sigma_q)\hat{m}_t^b - \left[\hat{\lambda}_{z,t} + \frac{-\tau^D}{1 - \tau^D}\hat{\tau}_t^D + \hat{R}_{a,t} \right] = 0
$$

(3.1 − 18)

将 $\hat{c}_t$ 的系数设置为 0，得到关于 M_{t+1}^b 的一阶条件为：

$$
E\left\{ \frac{\beta}{\pi\mu_z}v(1 - \theta)\left[c\left(\frac{1}{m}\right)^\theta \right]^{(1-\sigma_q)}\left(\frac{1}{1 - m + x}\right)^{(1-\sigma_q)(1-\theta)+1}\left(\frac{1}{m^b}\right)^{(2-\sigma_q)} \right.
$$

$$
\times \left\{ \hat{v}_{t+1} - \frac{\theta}{1 - \theta}\hat{\theta}_{t+1} + (1 - \sigma_q)\hat{c}_{t+1} - (1 - \sigma_q)\log(m)\theta\hat{\theta}_{t+1} - \theta(1 - \sigma_q)\hat{m}_{t+1} \right.
$$

$$- [(1 - \sigma_q)(1 - \theta) + 1] \left(\frac{1}{1 - m + x} \right) [x\hat{x}_{t+1} - m\hat{m}_{t+1}]$$

$$+ (1 - \sigma_q)(- \log(1 - m + x))\theta\hat{\theta}_{t+1} - (2 - \sigma_q)\hat{m}_{t+1}\}$$

$$+ \frac{\beta}{\pi\mu_z}\lambda_z[1 + (1 - \tau^D)R_a]\hat{\lambda}_{z,t+1}$$

$$+ \frac{\beta}{\pi\mu_z}\lambda_z[(1 - \tau^D)R_a\hat{R}_{a,t+1} - \tau^D R_a\hat{\tau}^D_{t+1}] - \lambda_z[\hat{\lambda}_{z,t} + \hat{\pi}_{t+1} + \hat{\mu}_{z,t+1}] | \Omega^\mu_t\} = 0$$

$$(3.1 - 19)$$

关于消费的一阶条件为：

$$E\{ u^z_c\hat{u}^z_{c,t} - vc^{-\sigma_q} \left[\frac{1}{m^b} \left(\frac{1}{m} \right)^\theta \left(\frac{1}{1 - m + x} \right)^{(1-\theta)} \right]^{(1-\sigma_q)}$$

$$\times \left[\hat{v}_t - \sigma_q\hat{c}_t + (1 - \sigma_q)\left(-\hat{m}^b_t - \theta\hat{m}_t - (1 - \theta)\left(\frac{-m}{1 - m + x}\hat{m}_t + \frac{x}{1 - m + x}\hat{x}_t \right) \right) \right.$$

$$+ (1 - \sigma_q)\left[\log\left(\frac{1}{m} \right) - \log\left(\frac{1}{1 - m + x} \right) \right]\theta\hat{\theta}_t$$

$$\left. - (1 + \tau^c)\lambda_z\left[\frac{\tau^c}{(1 + \tau^c)}\hat{\tau}^c_t + \hat{\lambda}_{z,t} \right] | \Omega_t\} = 0 \right.$$

$$(3.1 - 20)$$

工资的简化版的方程为：

$$E\Big\{ \eta_0\hat{w}_{t-1} + \eta_1\hat{w}_t + \eta_2\hat{w}_{t+1} + \eta_{\bar{3}}\hat{\pi}_{t-1} + \eta_3\hat{\pi}_t + \eta_4\hat{\pi}_{t+1} + \eta_5\hat{l}_t +$$

$$\eta_6\left[\hat{\lambda}_{z,t} - \frac{\tau^l}{1 - \tau^l}\hat{\tau}^l_t \right] + \eta_7\hat{\zeta}_t | \Omega_t \Big\} = 0$$

$$(3.1 - 21)$$

其中，

$$\eta = \begin{pmatrix} b_\omega\xi_\omega \\ - b_\omega(1 + \beta\xi^2_\omega) + \sigma_L\lambda_\omega \\ \beta\xi_\omega b_\omega \\ b_\omega\xi_\omega \\ - \xi_\omega b_\omega(1 + \beta) \\ b_\omega\beta\xi_\omega \\ - \sigma_L(1 - \lambda_\omega) \\ 1 - \lambda_\omega \\ - (1 - \lambda_\omega) \end{pmatrix} = \begin{pmatrix} \eta_0 \\ \eta_1 \\ \eta_2 \\ \eta_{\bar{3}} \\ \eta_3 \\ \eta_4 \\ \eta_5 \\ \eta_6 \\ \eta_7 \end{pmatrix}$$

6. 总体约束

资源约束方程为：

$$d_y\left[\frac{G''(\bar{\omega})}{G(\bar{\omega})}\bar{\omega}\,\hat{\omega}_t + \frac{R^k}{1+R^k}\hat{R}_t^k + \hat{\bar{q}}_{t-1} + \hat{\bar{k}}_t - \hat{\mu}_{z,t} - \hat{\pi}_t\right] + u_y\hat{u}_t + g_y\hat{g}_t + c_y\hat{c}_t + \bar{k}_y\frac{i}{k}\hat{i}_t$$

$$+ \Theta(1-\gamma)v_y\hat{v}_t - \alpha(\hat{u}_t - \hat{\mu}_{z,t} + \hat{\bar{k}}_t + \hat{v}_t^k) - (1-\alpha)(\hat{l}_t + \hat{v}_t^k) - \hat{\varepsilon}_t^f = 0$$

$$(3.1-22)$$

其中，方括号中的是银行的监管费用，监管过程中被消耗掉。

$$\hat{\bar{k}}_{t+1} - \frac{1-\delta}{\mu_z}(\hat{\bar{k}}_t - \hat{\mu}_{z,t}) - \frac{i}{k}\hat{i}_t = 0 \qquad (3.1-23)$$

货币政策的演化方程为：

$$\hat{m}_t^b + \frac{x}{1+x}\hat{x}_t - \hat{\pi}_{t+1} - \hat{\mu}_{z,t+1} - \hat{m}_{t+1}^b = 0 \qquad (3.1-24)$$

货币政策的演化方程也可以转化为：

$$\hat{m}_{t-1}^b + \frac{x}{1+x}\hat{x}_{t-1} - \hat{\pi}_t - \hat{\mu}_{z,t} - \hat{m}_t^b = 0 \qquad (3.1-25)$$

7. 货币政策

货币政策是由以下方程表示的：

$$\hat{x}_t = \sum_{i=1}^p x_{it} \qquad (3.1-26)$$

其中，x_{it} 是一系列的冲击束。

8. 其他变量

现金与存款比：

$$d_t^c = \frac{m_t}{1 - m_t + x_t + \psi_{l,t}\frac{w_t}{m_t^b}l_t + \psi_{k,t}\frac{r_t^k u_t \bar{k}_t}{\mu_{z,t}m_t^b}}$$

其中稳态下有：

$$d^c = \frac{m}{1 - m + x + \psi_l \dfrac{w}{m^b} l + \psi_k \dfrac{r^k u \bar{k}}{\mu_z m^b}}$$

对其线性化后得：

$$\hat{d}_t^c = \hat{m}_t + d^c \hat{m}_t - \frac{d^c x}{m} \hat{x}_t - \frac{d^c \psi_l}{m} \frac{wl}{m^b} [\hat{\psi}_{l,t} + \hat{w}_t - \hat{m}_t^b + \hat{l}_t]$$

$$- \frac{d^c \psi_k}{m} \frac{r^k \bar{k}}{\mu_z m^b} [\hat{\psi}_{k,t} + \hat{r}_t^k + \hat{u}_t + \hat{\bar{k}}_t - \hat{\mu}_{z,t} - \hat{m}_t^b]$$

外部金融溢价为：

$$P_t^e = \frac{\mu \int_0^{\bar{\omega}_t} \omega dF(\omega)(1 + R_t^k) Q_{\bar{K},t-1} \bar{K}_t}{Q_{\bar{K},t-1} \bar{K}_t - \bar{N}_t}$$

$$= \frac{\mu \int_0^{\bar{\omega}_t} \omega dF(\omega)(1 + R_t^k) P_{t-1} q_{t-1} z_{t-1} \bar{k}_t}{P_{t-1} q_{t-1} z_{t-1} \bar{k}_t - P_{t-1} z_{t-1} n_t}$$

$$= \frac{\mu G(\bar{\omega}_t)(1 + R_t^k) q_{t-1} \bar{k}_t}{q_{t-1} \bar{k}_t - n_t}$$

那么线性化后为：

$$\hat{P}_t^e = G'(\bar{\omega}_t) \hat{\bar{\omega}}_t + \frac{R^k}{1 + R^k} \hat{R}_t^k + \hat{q}_{t-1} + \hat{\bar{k}}_t - \frac{\bar{k}(\hat{\bar{k}}_t + \hat{q}_{t-1}) - n\hat{n}_t}{\bar{k} - n}$$

为了度量经济体不同部门的资源消耗，我们进行如下调整，从而得到银行部门和其他部门消耗的生产要素：

$$(1 + \psi_{l,t} R_t) W_t v_t l_t + (1 + \psi_{k,t} R_t) P_t r_t^k v_t K_t$$

$$= \underbrace{(W_t v_t l_t + P_t r_t^k v_t K_t)}_{\text{投入要素成本}} + \underbrace{(\psi_{l,t} R_t W_t v_t l_t + \psi_{k,t} R_t P_t r_t^k v_t K_t)}_{\text{银行部门中间要素的购买}}$$

第二节　DSGE 模型求解

DSGE 模型是一个非线性期望差分方程组，通过对该方程组进行对数线性化，得到线性化的期望差分方程组。对数线性化过程为 $f(x) = \dfrac{\mathrm{dln}f(x_0)}{\mathrm{dln}x_0}(\ln x - \ln x_0)$，令 $\hat{x} = \ln x - \ln x_0$，得到 $f(x) = \dfrac{\mathrm{dln}f(x_0)}{\mathrm{dln}x_0}\hat{x}$。对于期望差分方程组而言，我们需要进一步求解以得到可用于估计和实证分析的方程组。最常用的方法是布兰查德 – 卡恩方法。

无论规模大小，线性化后的很多期望差分方程组可以用以下简化式表示：

$$\begin{bmatrix} y_{1,t+1} \\ E(y_{2,t+1}) \end{bmatrix} = A \begin{bmatrix} y_{1,t} \\ y_{2,t} \end{bmatrix} + Ef_t \tag{3.2 – 1}$$

其中，$y_{1,t}$ 是预先决定的内生变量，$y_{2,t}$ 是非预先决定的内生变量。预先决定的内生变量指下一期的量是已经决定的，不受下一期外生变量冲击的影响。比如消费和资本存量，下一期的资本存量是由当期的投资和当期的资本存量决定的，不会受到技术冲击的影响；而消费则不同，下一期的消费会受到下一期的影响，当技术冲击导致收入变动，消费者会及时调整预期，从而调整消费水平。f_t 包含各种冲击变量。

布兰查德 – 卡恩方法是将（3.2 – 1）式中的系数矩阵 A 进行约旦分解，即：

$$A = \Lambda^{-1}J\Lambda \tag{3.2 – 2}$$

其中的对角元素是由 A 的特征值组成，其排列顺序是按照绝对值的大小，自上而下递增排列。将特征值的绝对值小于 1 的记为 J_1，大于或等于 1 的记为 J_2，则 J 可以表示为：

$$J = \begin{bmatrix} J_1 & 0 \\ 0 & J_2 \end{bmatrix} \tag{3.2 - 3}$$

Λ 和 E 可以相应分解为：

$$\Lambda = \begin{bmatrix} \Lambda_{11} & \Lambda_{12} \\ \Lambda_{21} & \Lambda_{22} \end{bmatrix} \tag{3.2 - 4}$$

$$E = \begin{bmatrix} E_1 \\ E_2 \end{bmatrix} \tag{3.2 - 5}$$

将方程组左乘 Λ 得到：

$$\begin{bmatrix} y'_{1,t+1} \\ E(y'_{2,t+1}) \end{bmatrix} = \begin{bmatrix} J_1 & 0 \\ 0 & J_2 \end{bmatrix} \begin{bmatrix} y'_{1,t} \\ y'_{2,t} \end{bmatrix} + \begin{bmatrix} D_1 \\ D_2 \end{bmatrix} f_t \tag{3.2 - 6}$$

其中，

$$\begin{bmatrix} y'_{1,t} \\ y'_{2,t} \end{bmatrix} = \begin{bmatrix} \Lambda_{11} & \Lambda_{12} \\ \Lambda_{21} & \Lambda_{22} \end{bmatrix} \begin{bmatrix} y_{1,t} \\ y_{2,t} \end{bmatrix} \tag{3.2 - 7}$$

$$\begin{bmatrix} D_1 \\ D_2 \end{bmatrix} = \begin{bmatrix} \Lambda_{11} & \Lambda_{12} \\ \Lambda_{21} & \Lambda_{22} \end{bmatrix} \begin{bmatrix} E_1 \\ E_2 \end{bmatrix} \tag{3.2 - 8}$$

一个方程有没有解、是不是唯一解，取决于非预定变量个数和特征值大于 1 的 J_2 的个数的比较。如果二者相等则该方程组有唯一解，如果非预定变量个数大于 J_2 的个数则存在多个解，相反则无解。为了明白为什么是这样，我们继续对以上公式的演绎和推导。（3.2 - 6）式的下半部分可以写成：

$$y'_{2,t} = J_2^{-1} E(y'_{2,t+1}) - J_2^{-1} D_2 f_{2,t} \tag{3.2 - 9}$$

其中，$f_{2,t}$ 是 f_2 中与 D_2 一致的部分。那么 $y'_{2,t+1}$ 就可以表示为：

$$y'_{2,t+1} = J_2^{-1} E(y'_{2,t+2}) - J_2^{-1} D_2 f_{2,t+1} \tag{3.2 - 10}$$

将（3.2 - 10）式代入（3.2 - 9）式得到：

$$y'_{2,t} = J_2^{-2} E(y'_{2,t+1}) - J_2^{-2} D_2 f_{2,t+1} - J_2^{-1} D_2 f_{2,t} \qquad (3.2-11)$$

连续迭代得到：

$$y'_{2,t} = J_2^{-n} E(y'_{2,t+1}) - \sum_{i=0}^{\infty} J_2^{-i-1} D_2 f_{2,t+i} \qquad (3.2-12)$$

当 J_2 趋于无穷大的时候，J_2^{-1} 趋向 0。给定 $f_{2,t}$ 一个收敛形式，则 (3.2-12) 式表明 $y'_{2,t}$ 将取一个固定值，从而保证最终解的有界性。如果 $E(f_{2,t+1}) = \rho a_t, \rho \in (0,1)$，则 $E(f_{2,t+i}) = \rho^i a_t$，(3.2-12) 式变为：

$$y'_{2,t} = J_2^{-1} D_2 (I - \rho J_2^{-1}) a_t \qquad (3.2-13)$$

结合 (3.2-7) 式可得：

$$y_{2,t} = \Lambda_{22}^{-1} J_2^{-1} D_2 (I - \rho J_2^{-1}) a_t - \Lambda_{22}^{-1} \Lambda_{21} y_{1,t} \qquad (3.2-14)$$

展开 (3.2-6) 式的上半部分得到：

$$y_{2,t+1} = A_{11} y_{1,t} + A_{21} y_{2,t} + E_1 f_1 \qquad (3.2-15)$$

从而保证的结果为非发散性。

然而并不是所有的线性期望差分方程组都可以转化为形如 (3.2-1) 式的形式，结构式：

$$A \begin{bmatrix} y_{1,t+1} \\ E(y_{2,t+1}) \end{bmatrix} = B \begin{bmatrix} y_{1,t} \\ y_{2,t} \end{bmatrix} + E f_t \qquad (3.2-16)$$

当 A 是奇异矩阵时，A^{-1} 不存在无法转化成 (3.2-1) 式的简化式形式，Klein（2000）提出一种利用广义舒尔分解法解决了此种问题。由于本文求解的方法是运用布兰查德－卡恩方法，在此不再赘述。

第三节　数据处理

DSGE 模型研究的既不涉及长期增长问题，也不涉及季节变动问题，主要的问题是经济冲击对经济影响的短期波动问题。而我们所获得的原始数据既包括长期趋势，也包含季节因素的影响，这样就需要对数据进行相应的去势和季节调整等。

1. 季节调整

在 DSGE 模型的介绍中，我们知道该模型研究的是经济变量呈现的波动现象，而这种波动现象一般没有精确的规律，数据随季节有规律的波动趋势会影响对这种不规则因素的分析，因此需要进行季节调整，以去除数据序列中明显的季节因素。

1919 年美国经济学家提出了季节调整的问题，经过之后历年的修订和完善形成了一套季节调整的方法。而 X11 和 CensusX12 季节调整方法（高铁梅主编，2007）是常用的方法。

2. 去势

去势的方法很多，包括消除长期趋势法和差分法。在经济周期分析的研究中常用的方法是 H－P（Hodrick－Prescott）滤波方法。该方法将对数变量 x_t 分解成两部分：一部分是增长性因素 g_t，一部分是周期性因素 c_t，具体形式如下：

$$x_t = g_t + c_t$$

为求得 g_t 和 c_t，最小化损失函数：

$$\sum_{t=1}^{T} c_t^2 + \lambda \sum_{t=3}^{T} \left[(1 - L)^2 g_t \right]^2$$

其中，参数 λ 是基于频域理论得出的一个值，本文不做深入探讨，一般而言，年度数据选择 100，季度数据选择的是 1600，而月度数据一般是 14400（高铁梅主编，2007）；L 是滞后差分算子。根据以上公式可通过数值算法求得 g_t 和 c_t 的解，求得的 c_t 即我们所需要的波动序列。

第四节　DSGE 模型估计

当模型转化为可求解的模型之后，很多参数就可以用估计方法来估计。很多估计方法被用于估计 DSGE 模型，比如校准方法、基于有限信息的矩估计、基于完全信息的最大似然估计以及贝叶斯估计等。

1. 校准

Kydland 和 Prescott（1982）用校准方法来计算其 DSGE 模型的参数集。严格意义上讲，校准不是一种参数估计方法，主要原因是它不能提供数据以统计意义上的最优拟合。校准使用现实的经济数据来匹配经济模型，使经济模型能够更好地模拟现实经济。这种模拟是一种理想状态的模拟，在一些层面上却是行得通的。

最早使用校准手段的是在估计 CGE 模型中，因为其缺乏统计意义上的拟合，因此一般检验模型好坏的做法也不同于一般的统计检验程序。Kydland 和 Prescott（1982）的做法是将模拟的数据的二阶矩和现实数据的二阶矩相比较，借以说明模型模拟的合理性。

2. CMR 的稳态求解

在第二章构建的模型系统中，我们在假定不存在不确定性，同时价格和工资能及时调整到最优状态，资本的利用率是 100% 的前提下，得到了一阶条件下的稳态均衡状态即所谓的理想态①。

（1）居民

对于定期存款的跨期优化的一阶条件为：

---

① 类似于韦伯在《社会学的基本概念》中提到的理念型的状态，这种理念型在现实中并不存在，仅存在于新古典经济学的理念之中。可以将这里的稳态均衡条件理解为新古典经济学中的长期均衡状态。马克斯·韦伯：《韦伯作品集Ⅶ：社会学的基本概念》，顾忠华译，广西师范大学出版社，2005，P26。

$$1 + (1 - \tau^T) R^e = \frac{\mu_z \pi}{\beta}$$

对于现金需求 M 的一阶条件为：

$$v \left[c \left(\frac{1}{m} \right)^{\theta} \left(\frac{1}{1 - m + x} \right)^{(1-\theta)} \right]^{(1-\sigma_q)} \left[\frac{\theta}{m} - \frac{(1-\theta)}{1 - m + x} \right] (m^b)^{\sigma_q - 2} - \lambda_z (1 - \tau^D) R_a = 0$$

对高能货币跨期选择的一阶条件为：

$$v(1 - \theta) \left[c \left(\frac{1}{m} \right)^{\theta} \left(\frac{1}{1 - m + x} \right)^{(1-\theta)} \right]^{(1-\sigma_q)} (m^b)^{2-\sigma_q} \left(\frac{1}{1 - m + x} \right)$$

$$= \pi \lambda_z \left[\frac{\mu_z}{\beta} - \frac{1 + (1 - \tau^D) R_a}{\pi} \right]$$

消费的一阶条件为：

$$u_c^z - (1 + \tau^c) \lambda_z = v c^{-1} (m^b)^{\sigma_q - 1} \left[c \left(\frac{1}{m} \right)^{\theta} \left(\frac{1}{1 - m + x} \right)^{(1-\theta)} \right]^{(1-\sigma_q)} \qquad (3.4-1)$$

在 ACEL 偏好的假定下，（3.4 - 1）式右边等于 0。

将（3.4 - 1）式中的比例以及对高能货币的一阶条件重新整理，我们得到：

$$R_a = \frac{\frac{1 - m + x}{m} \theta - (1 - \theta) \left(\frac{\pi \mu_z}{\beta} - 1 \right)}{\frac{1 - m + x}{m} \theta \quad (1 - \tau^D)}$$

$$= \left[1 - \frac{m}{1 - m + x} \frac{(1 - \theta)}{\theta} \right] \frac{1 - \tau^T}{1 - \tau^D} R^e$$

消费的边际效用为：

$$c u_c^z = \frac{\mu_z}{\mu_z - b} - b\beta \frac{1}{\mu_z - b} = \frac{\mu_z - b\beta}{\mu_z - b} \qquad (3.4-2)$$

居民设置工资的水平的一阶条件为：

$$w \frac{\lambda_z (1 - \tau^l)}{\lambda_\omega} = \zeta \psi_L l^{\sigma_L} \qquad (3.4-3)$$

（2）生产商

稳态条件下，生产商不存在价格扭曲，这样价格就是市场出清价格，就有：

$$s = \frac{1}{\lambda_f}$$

对于（2-8）式来说就有：

$$\frac{1}{\lambda_f} = \left(\frac{1}{1-\alpha}\right)^{1-\alpha} \left(\frac{1}{\alpha}\right)^{\alpha} \left[r^k(1+\psi_k R)\right]^{\alpha} \left[w(1+\psi_l R)\right]^{1-\alpha} \qquad (3.4-4)$$

另外一个关键的公式是：

$$\frac{r^k\left[1+\psi_k R\right]}{w(1+\psi_l R)} = \frac{\alpha}{1-\alpha}\frac{\mu_z l}{\bar{k}} \qquad (3.4-5)$$

（3）资本生产商

对于资本生产商来说，

$$\lambda_{zt} q_t F_{1,t} - \lambda_{zt} + \frac{\beta}{\mu_{z,t+1}}\lambda_{z,t+1} q_{t+1} F_{2,t+1} = 0$$

既然 $F_{1,t} = 1$ 和 $F_{2,t+1} = 0$，则 $q = 1$

同样，

$$\bar{k}_{t+1} = (1-\delta)\frac{1}{\mu_{z,t}}\bar{k}_t + \left[1 - S\left(\frac{i_t \mu_{z,t}}{i_{t-1}}\right)\right]i_t$$

所以在稳态条件下，也就是 $S = 0$ 时，

$$\frac{i}{k} = 1 - \frac{1-\delta}{\mu_z} \qquad (3.4-6)$$

（4）企业家

对于企业家来说，

$$r^k = a'$$

同时 $u = 1$，这样，稳态税后资本回报率为：

$$R^k = [(1 - \tau^k)r^k + (1 - \delta)]\pi + \tau^k \delta - 1 \qquad (3.4 - 7)$$

在已知 R^k 和 R^e 的前提下，$\bar{\omega}$ 的稳态值可以由以下方程给出：

$$[1 - \Gamma(\bar{\omega})]\frac{1 + R^k}{1 + R^e} + \frac{1}{1 - \mu \bar{\omega} h(\bar{\omega})}\left[\frac{1 + R^k}{1 + R^e}(\Gamma(\bar{\omega}) - \mu G(\bar{\omega}) - 1)\right] = 0 \quad (3.4 - 8)$$

其中，损失方程定义为：

$$h(\bar{\omega}) = \frac{F'(\omega)}{1 - F(\omega)}$$

该方程有两个新参数，即对数正态分布的两个参数，这两个参数由 $E\omega = 1$ 和 $F(\bar{\omega})$ 外生给定。在这样的情况下，以上的条件形成了对 $\bar{\omega}$ 的估计。注意到当 $\mu = 0$ 时，推导出 $R^k = R^e$。这样结合（3.4 - 4）式和对长期存款的一阶条件，得出 r^k 和新古典增长模型中一样的结论。

在 $F(\bar{\omega})$ 和 $\bar{\omega}$ 已知的条件下，我们可以用（2 - 15）式来求解 k：

$$\frac{\bar{k}}{n} = \frac{1}{1 - \dfrac{1 + R^k}{1 + R^e}[\Gamma(\bar{\omega}) - \mu G(\bar{\omega})]} \qquad (3.4 - 9)$$

净资产的演化公式意味着在稳态条件下存在这样的关系：

$$n = \frac{\dfrac{\gamma}{\pi\mu_z}[R^k - R^e - \mu G(\bar{\omega})(1 + R^k)]\bar{k} + w^e}{1 - \gamma\left(\dfrac{1 + R^e}{\pi}\right)\dfrac{1}{\mu_z}} \qquad (3.4 - 10)$$

（5）银行部门

和银行的资本选择相关的一阶条件是：

$$r^k(1 + \psi_k R) = \frac{Rh_{K^b}}{1 + \tau h_{e^r}} \qquad (3.4 - 11)$$

接下来就是：

$$h_{K^b} = \alpha\xi a^b x^b (e_v)^{1-\xi} \left(\frac{\mu_z l}{k}\right) \qquad (3.4-12)$$

$$h_{e^r} = (1-\xi) a^b x^b (e_v)^{-\xi} \qquad (3.4-13)$$

和

$$e_v = \frac{(1-\tau)m^b(1-m+x) - \tau\left(\psi_l wl + \psi_k r^k \dfrac{\bar{k}}{\mu_z}\right)}{\left[\dfrac{1}{\mu_z}(1-v_k)\bar{k}\right]^\alpha \left[(1-v_l)l\right]^{1-\alpha}} \qquad (3.4-14)$$

$$1 + \frac{R}{R_a} = h_{e^r}\left[(1-\tau)\frac{R}{R_a} - \tau\right] \qquad (3.4-15)$$

从公式（3.4-10）中减去 $a^b x^b (e_v)^{-\xi}$ 得到一个简化版的生产函数：

$$\frac{h_{e^r}}{(1-\xi)} e_z^r = m^b(1-m+x) + \psi_l wl + \psi_k r^k \frac{\bar{k}}{\mu_z} \qquad (3.4-16)$$

其中，

$$e_z^r = (1-\tau)m^b(1-m+x) - \tau\left(\psi_l wl + \psi_k r^k \frac{\bar{k}}{\mu_z}\right) \qquad (3.4-17)$$

（6）货币政策

$$\pi = \frac{(1+x)}{\mu_z}$$

（7）总体约束和零利率条件

运用稳态下企业利润为 0 和 $g = \eta_g y$ 的条件，我们将资源约束减去固定的成本得到：

$$c = (1-\eta_g)\left[\frac{1}{\lambda_f}\left(\frac{1}{\mu_z}v^k\bar{k}\right)^\alpha (v^l l)^{1-\alpha} - \mu G(\bar{\omega})(1+R^k)\frac{k}{\pi\mu_z}\right] - i \qquad (3.4-18)$$

这里我们运用的事实为：

$$y = \frac{1}{\lambda_f}\left(\frac{1}{\mu_z}v^k\bar{k}\right)^\alpha (v^l l)^{1-\alpha} - \mu G(\bar{\omega})(1+R^k)\frac{k}{\pi\mu_z}$$

$$g = \eta_g y$$

所以 $c = (1 - \eta_g)y - i$。

现在我们设定对于 ϕ 的条件以保证稳态条件下中间厂商的利润为 0。我们将生产函数简单地写为 $F - \phi z$，那么生产过程中所有的资本和劳动的成本就是 sF，其中 s 是边际成本。本文使用零利润假设，即使 $sF = F - \phi z$，或者写成 $\phi = (1 - s)F/z = (F/z)\left(1 - \dfrac{1}{\lambda_f}\right)$，或者：

$$\phi = \left(\frac{z_{t-1}\nu^k K_t}{z_{t-1}z_t}\right)^\alpha (\nu^l l)^{1-\alpha}\left(1 - \frac{1}{\lambda_f}\right) = \left(\frac{\nu^k k}{\mu_z}\right)^\alpha (\nu^l l)^{1-\alpha}\left(1 - \frac{1}{\lambda_f}\right) \quad (3.4-19)$$

我们通过在资源约束中减去最后一个方程得到：

$$y = \left(\frac{1}{\mu_z}\nu^k \bar{k}\right)^\alpha (\nu^l l)^{1-\alpha} - \phi - \mu G(\bar{\omega})(1 + R^k)\frac{k}{\pi\mu_z} \quad (3.4-20)$$

及另外一个方程：

$$g = \eta_g y \quad (3.4-21)$$

为了求得稳态参数，我们需要将结构参数视为已知，从经济中为这些变量赋值，进而得到稳态条件下变量的值，以上方程中我们所知道的结构参数包括：

$$\tau^l\ \tau^c\ \beta\ F(\bar{\omega})\ \mu\ x\ \mu_z\ \tau\ \lambda_f\ \alpha\ \psi_l\ \delta\ r^k\ m\ \tau^T\ b\ \gamma\ \omega^e\ \nu^k\ \sigma_q\ \sigma_L\ \nu\ \tau^D\ \psi_k\ \lambda_\omega\ \eta_g\ \nu^l\ \zeta\ \theta$$

以上参数的赋值在第四章第二节中给出，而对于稳态的变量值则根据以上方程组得到：通过（3.4-7）式可以得到 R^k，（3.4-8）式以及对 ω 的假定可以得到 $\bar{\omega}$，（3.4-9）式和（3.4-10）式可以解出 k 和 n 的值，而（3.4-6）式可以求得 i 的值。而接下来的整个系统需要得知 R 的值，进而求解其他的值，而求 R 值需要满足公式（3.4-11）。我们通过编程寻找实现满足公式（3.4-11）的 R 值，同时由（3.4 - 4）式求得 w，（3.4 - 5）式求得 l，（3.4 - 18）式求得 c，（3.4 - 20）式和（3.4 - 21）式求得 y 和 g，（3.4 - 2）式求得 u_c^z，（3.4 - 1）式和现金需求的一阶条件求得 m^b 和 λ_z，（3.4 - 3）式求得 ψ_L，（3.4 - 17）式求得 e_z^r，（3.4 - 16）式求得 ξ，（3.4 - 14）式求得 e_v，（3.4 - 13）式求得 $a^b x^b$，（3.4 - 12）式求得 h_{K^b}。本文通过 matlab 编程实现上述变量的值，具体的结果见第四章第二节。

3. 贝叶斯估计

Christiano 和 Einchenbaum（1992）则用广义矩估计估计均衡方程的关系。Altug（1989）、McGrattan（1994）等用精确似然估计，其他的方法还有有限信息方法和经典的最大似然估计法。越来越多的文献用到贝叶斯估计方法。Greenberg（2008）在比较了传统估计和贝叶斯估计的不同理念后，详尽地介绍了如何使用贝叶斯估计估计模型。Greenberg（2008）在其著作中推荐了 Poirier（1995）、Koop（2003）、Lancaster（2004）等教材作为参考学习之用。国内的很多经济计量学教材里对贝叶斯估计有介绍，如李雪松（2008）、苏良军（2007）等。将贝叶斯估计运用到 DSGE 模型参数估计上来的主要早期作者有 DeJong 等（2000）、Schorfheide（2000）、Otrok（2001）；近期的文献中大部分都运用了贝叶斯估计估计参数集，如 Schorfheide（2010），Christiano、Eichenbaum 和 Evans（2005），Smets 和 Wouters（2007）。

校准方法对经验不足的初学者限制很多，因为其对所研究问题的参数赋值需要经验的支持；而对于最大似然估计的诟病多半是其苛刻的要求，即样本足够大。贝叶斯估计一方面可以处理小样本，另一方面对初学者来说，要求较为宽松，因此贝叶斯估计得到了广泛的应用。

贝叶斯估计理念的优越之处在于其引入了先验分布，先验分布充分利用了人们当前对参数的认识程度，这种认识程度有助于改善模型的收敛速度，尤其是对样本量的要求相对较小，使贝叶斯估计不仅在

DSGE 模型中，甚至在其他模型中也得到广泛的应用。贝叶斯估计的公式为：

$$p(\theta|y) \propto p(y|\theta)p(\theta)$$

其中，$p(\theta)$ 是 θ 的先验分布密度函数，表示在观测到数据 y 之前，对 θ 的认识程度；$p(\theta|y)$ 为后验分布密度函数，表示在观测到数据 y 之后，对 θ 更新的认识程度；$p(y|\theta)$ 是在 θ 给定的条件下样本分布密度函数或样本似然。

一般而言，DSGE 模型的参数很多，而且在运用贝叶斯估计的时候涉及高阶微分方程的计算，因此计算起来较为烦琐，甚至得不到显性解，这样 MCMC 算法在使用贝叶斯的文献里得到了广泛的应用。

MCMC 算法的本质是通过构造合适的转移核，使目标分布为马尔科夫链的平稳分布。李雪松（2008）介绍了吉布斯分布的具体做法，并指出吉布斯抽样算法是一种较为广泛而相对简单的 MCMC 算法。

Karagedikli、Matheson、Smith 和 Vahey（2008）指出，尽管贝叶斯估计得到很多经济学家的认可，但是也存在几点不足：第一，先验分布的设定仍存在任意性；第二，数据是否符合马尔科夫性质假定存在质疑。

第五节　一个简单的例子

1. DSGE 模型描述

（1）家庭行为与劳动力市场

假定经济体中存在无数个家庭，家庭在时间上是延续不断的。在任何时间点上，每个家庭需要选择工作时间 h_t、消费 C_t 以及资产组合以满足期望效用最大化。对家庭而言，消费、闲暇以及手持现金都能带来效用；但是闲暇的增加，将导致工作时间的减少，工作时间减少将导致劳动资本的减少，进而导致收入的减少；收入减少后，消费减少，所以家庭选择劳动和闲暇实际上是选择闲暇还是消费。由于消费函数是凹函数，这意味着随着消费和闲暇的边际效用随着本身的增加是递减的，也意味着二者之间存在一个最优解，使效用达到最大化。需要强调的是，对于家庭而言，工资的外生性导致家庭选择是局部最优的。本文采用 MIU（Money in Utility）设计货币，意味着持有货币会带来效用。现实中对应的含义是现金交易的便利性是无法取代的。然而，相对于其他资产而言，手持现金没有利息，而利息损失意味着收入减少，进而减少消费，所以权衡资产的持有形式，实际是在消费和手持现金间做选择，而基于边际效用递减规律，消费和持有的现金存在此消彼长的替代关系。本文假设资产的持有形式除了现金之外只有银行存款 D_{t+1}。

$$E_t^j \sum_{l=0}^{\infty} \beta^l \left[\ln(C_{t+l}) + \varsigma \ln(M_{t+l}/P_{t+l}) + \xi \ln(1 - h_{t+l}) \right] \qquad (3.5 - 1)$$

其中，β 为主观折现率，M_{t+l}/P_{t+l} 为现金，M_{t+l}/P_{t+l} 指现金的实际购买力。

约束条件为：

$$C_t = W_t h_t - T_t + \Pi_t + R_t D_t - D_{t+1} + (M_{t-1} - M_t)/P_t \qquad (3.5 - 2)$$

其中，$R_t = 1 + i_t$，i_t 为存款利率，P_t 表示价格，Π_t 为零售商分配的利润，T_t 表示政府征收的税收，D_t 是居民上一期存款。根据家庭最优化行为的一阶条件可得：

$$\frac{1}{C_t} = E_t \left[\left(\beta \frac{1}{C_{t+1}} \right) R_{t+1} \right] \qquad (3.5 - 3)$$

$$\frac{W_t}{C_t} = \xi \frac{1}{1 - h_t} \qquad (3.5 - 4)$$

$$\frac{M_t}{P_t} = E_t \left[\varsigma C_t \left(1 - \frac{1}{R_{t+1}^n} \right)^{-1} \right] \tag{3.5-5}$$

其中，$R_{t+1}^n = R_{t+1} P_{t+1} / P_t$ 为名义利率，R_{t+1} 为实际利率。本文假定不存在存款准备金制，于是 $D_t = B_t$，其中 B_t 为银行贷款。

假设劳动的边际收益等于平均工资，劳动力市场最优化的目标函数和约束条件如下：

$$\max \ W_t H_t - \int_0^1 W_{jt} h_{jt} \mathrm{d}j$$

$$\text{s. t. } \ H_t = \left(\int_0^1 h_{jt}^{\frac{1}{\lambda_w}} \mathrm{d}j \right)^{\lambda_w} \tag{3.5-6}$$

其中 $1 \leqslant \lambda_w < \infty$，$W_t$ 和 W_{jt} 分别表示家庭 j 在 t 期最终劳动和中间劳动的工资。可得劳动力需求函数为：

$$\left(\frac{W_t}{W_{jt}} \right)^{\frac{\lambda_w}{\lambda_w - 1}} = \frac{h_{jt}}{H_t} \tag{3.5-7}$$

对上式积分并将（3.5-6）式代入可得工资指数和差别化的工资之间的关系：

$$W_t = \left(\int_0^1 W_{jt}^{\frac{1}{1-\lambda_w}} \mathrm{d}j \right)^{(1-\lambda_w)} \tag{3.5-8}$$

20 世纪 80 年代之前，经济学家对于工资—价格机制的研究主要集中在实证研究领域，在实证研究上，工资—价格机制的主要实证特征已取得"一致意见"，认为考虑价格通胀效应的菲利普斯曲线可以用来解释工资形成机制。1983 年 Calvo 提出一个用于理论分析的模型，该模型在实证研究和理论研究间构建了一座桥梁，为 DSGE 模型提供了理论依据。本文依据 Calvo（1983）所使用的方法，假定在 t 期调整工资的概率为 $(1-\xi_w)$，而未调整工资者其工资的设定由以下规则决定：$W_{j,t} = \pi_{t-1} W_{j,t-1}$，其中 π_{t-1} 为上期通胀指数。

假设家庭 j 的边际成本等于平均工资，在整个生命周期内，家庭将在（3.5－7）式约束下选择其最优化工资 $\widetilde{W}_t$，其最优化行为可表示为：

$$E_t^j \sum_{l=0}^{\infty} (\xi_w \beta)^l \left[\lambda_{2,t+l} \widetilde{W}_{j,t} X_{tl} - z'(h_{t+l}) \right]$$

其中 $X_{tl} = \prod_{i=1}^{l} \pi_{t-i}$，$z'(h_{t+l}) = \xi \dfrac{1}{1-h_t}$，$\lambda_{2,t+l} = 1/C_t$。于是可得关于 $\widetilde{W}_t$ 的一阶条件：

$$E_t^j \sum_{l=0}^{\infty} (\xi_w \beta)^l h_{j,t+l} \left[\lambda_{2,t+l} \widetilde{W}_{j,t} X_{tl} - \lambda_w z'(h_{t+l}) \right] = 0 \qquad (3.5-9)$$

（2）企业行为和商品市场

假定生产中间产品的企业属垄断竞争行业，服从 C－D 生产函数，形式如下：

$$Y_{jt} = A_t K_{jt}^{\alpha} L_{jt}^{1-\alpha} \qquad (3.5-10)$$

其中，$0 < \alpha < 1$，L_{jt} 和 K_{jt} 分别表示 t 期生产第 j 个中间产品时所使用的劳动和资本。假设在稳态条件下，各行业的利润趋于均等，超额利润为 0。φ 表示稳态条件下超额利润为 0 所对应的阈值。对于垄断竞争厂商而言，假设企业依据成本最小化原则组织生产，即：

$$\min R_t W_t L_{jt} + R_t^k K_{jt}$$

根据一阶条件可得边际成本为：

$$s_t = \left(\frac{1}{1-\alpha} \right)^{1-\alpha} \left(\frac{1}{\alpha} \right)^{\alpha} (R_t^k)^{\alpha} (R_t W_t)^{1-\alpha} \qquad (3.5-11)$$

零售商出售的最终产品是一个混合品，包括众多的商品，以不变替代弹性的生产函数确定：

$$Y_t = \left(\int_0^1 Y_{jt}^{\frac{1}{\lambda_f}} \mathrm{d}j \right)^{\lambda_f} \qquad (3.5-12)$$

其中 $1 \leqslant \lambda_f < \infty$，$Y_t$ 为 t 期最终产品，Y_{jt} 表示 t 期中间产品 j 的投入数量。P_t 和 P_{jt} 分别表示 t 期最终产品和中间产品 j 的价格。假设产品的边际收益等于平均价格，且零售商面临的商品市场是完全竞争的，其利润最大化行为为 $P_t Y_t - \int_0^1 P_{jt} Y_{jt} \mathrm{d}j$，约束条件为（3.5 - 12）式。于是可以得到中间产品需求函数：

$$\left(\frac{P_t}{P_{jt}} \right)^{\frac{\lambda_f}{\lambda_f - 1}} = \frac{Y_{jt}}{Y_t} \qquad (3.5-13)$$

同时可得到中间产品价格和最终产品价格的如下关系式：

$$P_t = \left(\int_0^1 P_{jt}^{\frac{1}{1-\lambda_f}} \mathrm{d}j \right)^{(1-\lambda_f)} \qquad (3.5-14)$$

企业设定价格同家庭设定工资一样，假定生产企业在 t 期调整价格的概率为 $(1 - \xi_p)$，而未进行价格调整的生产企业其价格设定由以下规则决定：$P_{j,t} = \pi_{t-1} P_{j,t-1}$，其中 π_{t-1} 为上期通胀指数。假设企业 j 的边际成本等于平均成本，生产企业在（3.5 - 13）式约束下选择利润最大化：

$$E_{t-1} \sum_{l=0}^{\infty} (\beta \xi_p)^l (\bar{P}_t X_{tl} - s_{t+l} P_{t+l}) Y_{j,t+l}$$

其中 $X_{tl} = \prod_{i=1}^{l} \pi_{t-i}$，据一阶条件可得：

$$E_{t-1} \sum_{l=0}^{\infty} (\beta \xi_p)^l (\bar{P}_t X_{tl} - \lambda_f s_{t+l} P_{t+l}) Y_{j,t+l} = 0 \qquad (3.5-15)$$

（3）资本品的生产与资本的需求函数

假定市场上存在大量的、同质的资本生产商，它们将价格视为给定。资本生产商使用上期的资本 K_t 和投资 I_t 生产下期使用的资本 K_{t+1}。由于资本的使用，上期资本物理损耗为 δK_t。资本量的演化公式为：

$$K_{t+1} = \Phi\left(\frac{I_t}{K_t}\right)K_t + (1 - \delta)K_t \qquad (3.5 - 16)$$

资本生产商的利润可由以下模型表示：

$$\Pi_t^k = Q_t\left[\Phi\left(\frac{I_t}{K_t}\right)K_t + (1 - \delta)K_t\right] - Q_{t-1}(1 - \delta)K_t - I_t \qquad (3.5 - 17)$$

对 I_t 求最优化的一阶条件得：

$$Q_t = \left[\Phi'\left(\frac{I_t}{K_t}\right)\right]^{-1} \qquad (3.5 - 18)$$

资本需求方程式则与预期资本回报率和预期资本价格变动有关。$\dfrac{\alpha Y_{t+1}}{K_{t+1}}$ 是商品生产商最优化行为得到的资本回报率；$\dfrac{1}{X_{t+1}}$ 是价格调整指数，由于价格黏性的存在，实际价格与完全竞争下的价格存在差异，X_{t+1} 是垄断的存在导致的价格差异；R_{t+1}^k 是资本的需求价格。

$$E(R_{t+1}^k) = E\left[\frac{\dfrac{1}{X_{t+1}}\dfrac{\alpha Y_{t+1}}{K_{t+1}} + Q_{t+1}(1 - \delta)}{Q_t}\right] \qquad (3.5 - 19)$$

在资本价格不变的情况下，资本回报率越高，资本需求越旺盛，资本需求价格越高；而在预期资本回报率不变的前提下，预期的资本价格越高，资本的需求也越旺盛，资本的需求价格越高。

（4）金融加速器与资本的供给函数

假定市场上存在大量的套利企业。这里的套利企业特指介于银行与生产企业之间满足双方资金供求的企业，套利企业是为分离企业风险而存在的。由于净资产的不同，不同套利企业所面临的融资环境是异质性的。假定每个时期都有 $(1 - \gamma)$ 的企业因盈利能力不足而退出市场。为了分析的便利，这里沿用 BGG 模型的假定，市场上的套利企业总数不变，有多少退出市场的套利企业，就同时会有相同数目的套利企业进入市场。由于市场存在不确定性，对于套利企业 j 而言其盈利服从一个分布函数。套利企业和银行双方需要订立合约以确定在各种情况下双方的责任和义务。

对于净资产为 N_{t+1}^j 的套利企业 j 而言，在 t 期决定购买 K_{t+1}^j 的资本，资本的市场价格为 Q_t，该套利企业需要融资的额度 B_{t+1}^j 由以下恒等式决定：

$$B_{t+1}^j = Q_t K_{t+1}^j - N_{t+1}^j \qquad (3.5 - 20)$$

假定市场的资本回报率为确定性的，银行和套利企业 j 面临的不确定性来自套利企业的盈利能力。需要区分市场的资本回报率和单个套利企业的资本回报率，假定市场的资本回报率为 R_{t+1}^k，而套利企业的资本回报率为 $\omega^j R_{t+1}^k$。ω^j 满足以下两个条件：其一，ω^j 服从均值为 1 的分布函数为 $F(\omega)$，ω^j 和 R_{t+1}^k 是独立的，即市场的资本回报率和单个套利企业的资本回报率是独立的；其二，$F(\omega)$ 是定义在 $[0, \infty)$ 的分布函数，满足 $\dfrac{\partial [\omega h(\omega)]}{\partial \omega} > 0$，其中 $h(\omega) = \dfrac{\mathrm{d}F(\omega)}{1 - F(\omega)}$。

银行和套利企业达成如下协议：对套利企业设定一个临界值 $\bar{\omega}^j$，当套利企业的 ω^j 大于或等于 $\bar{\omega}^j$ 时，在 t 期末，银行所获得的利润为 $\bar{\omega}_{t+1}^j R_{t+1}^k Q_t K_{t+1}^j = Z_{t+1}^j B_{t+1}^j$，套利企业所得为 $(\omega_{t+1}^j - \bar{\omega}_{t+1}^j) R_{t+1}^k Q_t K_{t+1}^j$；当套利企业的 ω^j 小于 $\bar{\omega}^j$ 时，银行获得 $(1 - \mu) \omega_{t+1}^j R_{t+1}^k Q_t K_{t+1}^j$，其中 μ 为监管费用系数，$\mu \omega_{t+1}^j R_{t+1}^k Q_t K_{t+1}^j$ 是银行所付出的监管费用，套利企业什么都得不到，在当期消费掉其净资产后退出资本市场。

对于在完全竞争市场上的银行来说，其所获得的收益等于其机会成本，暗含的假定为：

$$[1 - F(\overline{\omega}_{t+1}^j)] Z_{t+1}^j B_{t+1}^j + (1 - \mu) \int_0^{\overline{\omega}_{t+1}^j} \omega dF(\omega) R_{t+1}^k Q_t K_{t+1}^j = R_{t+1} B_{t+1}^j \qquad (3.5 - 21)$$

将 (3.5 - 20) 式和 $\overline{\omega}_{t+1}^j R_{t+1}^k Q_t K_{t+1}^j = Z_{t+1}^j B_{t+1}^j$ 代入 (3.5 - 21) 式可得：

$$\{[1 - F(\overline{\omega}_{t+1}^j)] \overline{\omega}_{t+1}^j + (1 - \mu) \int_0^{\overline{\omega}_{t+1}^j} \omega dF(\omega)\} R_{t+1}^k Q_t K_{t+1}^j = R_{t+1}(Q_t K_{t+1}^j - N_{t+1}^j)$$

$$(3.5 - 22)$$

套利企业的期末回报为：

$$E\{\int_{\overline{\omega}_{t+1}^j}^{\infty} \omega R_{t+1}^k Q_t K_{t+1}^j dF(\omega) - [1 - F(\overline{\omega}_{t+1}^j)] \overline{\omega}_{t+1}^j R_{t+1}^k Q_t K_{t+1}^j\} \qquad (3.5 - 23)$$

套利企业在 (3.5 - 22) 约束条件下追求预期回报与机会成本之差最大化：

$$\{1 - \mu \int_0^{\overline{\omega}_{t+1}^j} \omega dF(\omega)\} R_{t+1}^k Q_t K_{t+1}^j - R_{t+1}(Q_t K_{t+1}^j - N_{t+1}^j) \qquad (3.5 - 24)$$

可得金融加速器表达式：

$$E\{R_{t+1}^k\} = R_{t+1} s\left(\frac{N_{t+1}^j}{Q_t K_{t+1}^j}\right), \quad s'(\cdot) < 0 \qquad (3.5 - 25)$$

以上得出了资本供给方程式，当实际利率不变时，杠杆率越高，银行要求套利企业所偿付的利率越低；杠杆率越高，套利企业所需偿付的利率越高。当杠杆率不变时，资本回报率越高，债务合约中套利企业所能偿付的利息越高，而资本回报率越低，债务合约中套利企业所能偿付的利息越低。

（5）资本家收入与净财富的积累

由于资本供给方程式依赖于杠杆率的变动，而杠杆率与净资本息息相关。净资本的积累成为资本需求价格变动中的一个关键设置。

BGG 模型中假设，方程（3.5 - 10）中的劳动力可以进一步分解为资本家劳动力和家户劳动力。资本家劳动力的报酬 W_t^e 作为净资产积累的部分，而家户劳动力的劳动报酬进入家户行为约束中，分解式如下：

$$L_t = H_t^{\Omega}(H_t^e)^{1-\Omega} \tag{3.5 - 26}$$

则有

$$W_t^e = (1 - \alpha)(1 - \Omega)\frac{Y_t}{K_t} \tag{3.5 - 27}$$

净资本演化方程式为：

$$N_{t+1} = \gamma V_t + W_t^e \tag{3.5 - 28}$$

其中，γV_t 是存活下来的资本家所持有的净财富或者股本。当期消亡的企业股本为 $(1 - \gamma)V_t$，也就是说企业家的消费是 $C_t^e = (1 - \gamma)V_t$。

$$V_t = R_t^k Q_{t-1}K_t - \left[R_t + \frac{\mu\int_0^{\bar{\omega}_t}\omega R_t^k Q_{t-1}K_t \mathrm{d}F(\omega)}{Q_{t-1}K_t - N_t}\right](Q_{t-1}K_t - N_t) \tag{3.5 - 29}$$

由公式（3.5 - 27）、（3.5 - 28）和（3.5 - 29）得到净资产积累公式：

$$N_{t+1} = \gamma\left\{R_t^k Q_{t-1}K_t - \left[R_t + \frac{\mu\int_0^{\bar{\omega}_t}\omega R_t^k Q_{t-1}K_t \mathrm{d}F(\omega)}{Q_{t-1}K_t - N_t}\right](Q_{t-1}K_t - N_t)\right\} + (1 - \alpha)(1 - \Omega)\frac{Y_t}{K_t}$$

$$\tag{3.5 - 30}$$

代入（3.5 - 28）式、$C_t^e = (1 - \gamma)V_t$，则变形为：

$$C_t^e = \frac{(1 - \gamma)}{\gamma}(N_{t+1} - W_t^e) \tag{3.5 - 31}$$

（6）政府行为与总量约束

本文假定货币供应量 M_t 是外生变量，其变动取决于进出口规模的变动以及通货膨胀的考量，即：

$$M_t = e^{g_t} M_{t-1} \qquad (3.5-32)$$

均衡条件下，政府支出受政府收入约束：

$$G_t = T_t + \frac{M_t - M_{t-1}}{P_t} \qquad (3.5-33)$$

经济体中的总供给等于总需求，这样得到总量约束方程：

$$Y_t = C_t + I_t + C_t^e + G_t + \mu \int_0^{\bar{\omega}_t} \omega R_t^k Q_{t-1} K_t \mathrm{d}F(\omega) \qquad (3.5-34)$$

其中，Y_t 为总供给，C_t 为家庭消费，I_t 为投资，C_t^e 为退出市场的金融企业的消费，$\mu \int_0^{\bar{\omega}_t} \omega R_t^k Q_{t-1} K_t \mathrm{d}F(\omega)$ 为监管成本。

本文设定两种货币政策，一种是数量型货币政策，一种是价格型货币政策。对于数量型货币政策而言，假定货币供应量 $M_{t+1}/P_{t+1} = e^{g_{t+1}^m} M_t/P_t$，其中，$g_{t+1}^m$ 为货币增长率，其规则由下式决定：

$$g_{m,t} = \rho_m \cdot g_{m,t-1} - \sigma_m \cdot \hat{\pi}_{t-1} + \varepsilon_t^m \qquad (3.4-35)$$

该政策规则反映了货币政策延续性和央行稳定价格的目标。货币政策的延续性体现在货币增长率的一阶自回归系数上，而稳定价格目标体现在通货膨胀的系数上。当出现通货膨胀时，货币政策趋向于降低货币增长率；当出现通货紧缩时，货币增长率会相应提高。

对于利率规则而言，中央银行可以直接控制的是名义利率 R_{t+1}^n，$R_{t+1}^n = R_{t+1} \pi_{t+1}$。本文假定名义利率 $R_{t+1}^n = e^{\hat{r}_{t+1}^n} R_t^n$，其中利率规则为：

$$\hat{r}_t^n = \rho \hat{r}_{t-1}^n + \varsigma \hat{\pi}_{t-1} + \varepsilon_t^{rn} \qquad (3.4-36)$$

该政策规则同样反映了货币政策延续性和央行稳定价格的目标。

货币政策的延续性体现在利率增长率的一阶自回归系数上，而稳定价格目标体现在通货膨胀的系数上。当出现通货膨胀时，货币政策倾向于提高利率；当出现通货紧缩时，央行倾向于降低利率。

本文假定政府支出是外生变量，它作为政府的财政政策手段进入经济体，其增长率服从 $AR(1)$ 过程，即：

$$G_t = e^{g_t} G_{t-1}$$
$$\hat{g}_t = \rho_g \hat{g}_{t-1} + \varepsilon_t^g \tag{3.4-37}$$

对于生产企业而言，假定技术进步 A_t 是一个外生变量，令 $a_t = \ln A_t - \ln A$，其中 A 为稳态时的技术进步水平，假设技术进步冲击的演化路径服从 $AR(1)$ 过程：

$$a_t = \rho_a \cdot a_{t-1} + \varepsilon_t^a \tag{3.4-38}$$

2. 线性转换

由公式（3.4-3）、（3.4-5）得到消费的欧拉方程和货币的需求方程：

$$\hat{c}_t = -\hat{r}_{t+1} + E_t(\hat{c}_{t+1}) \tag{3.4-39}$$
$$\hat{m}_t = \hat{c}_t - \frac{1}{R-1} E_t(\hat{r}_{t+1} - \hat{\pi}_{t+1}) \tag{3.4-40}$$

在公式（3.4-4）的约束下，有劳动力需求函数（3.4-8）和劳动力市场的最优化一阶条件（3.4-9），线性化后得到工资黏性价格的设置方程：

$$0 = \hat{w}_{t-1} - \frac{b_w(1+\beta\xi_w^2) - \lambda_w}{b_w\xi_w} E_{t-1}\hat{w}_t + \beta E_{t-1}\hat{w}_{t+1}$$
$$+ E_{t-1}[\beta(\hat{\pi}_{t+1} - \hat{\pi}_t) - (\hat{\pi}_t - \hat{\pi}_{t-1})] - \frac{1-\lambda_w}{b_w\xi_w} E_{t-1}\hat{c}_t - \frac{1-\lambda_w}{b_w\xi_w} \frac{h}{1-h} E_{t-1}\hat{h}_t \tag{3.4-41}$$

其中，$b_w = \dfrac{2\lambda_w - 1}{(1-\xi_w)(1-\beta\xi_w)}$

由中间产品需求函数（3.4 – 12）、价格设定函数（3.4 – 13）以及生产企业价格设定的最优行为假定的一阶条件（3.4 – 14），可以推导出以下对数线性化的价格黏性方程：

$$\hat{\pi}_t = \frac{1}{1+\beta}\hat{\pi}_{t-1} + \frac{\beta}{1+\beta}\hat{\pi}_{t+1} + \frac{(1-\beta\xi_p)(1-\xi_p)}{(1+\beta)\xi_p}E_{t-1}\hat{s}_t \qquad (3.4 – 42)$$

$$\hat{s}_t = \alpha\hat{r}_t^k + (1-\alpha)(\hat{r}_t + \hat{w}_t) \qquad (3.4 – 43)$$

该通货膨胀指数显示，物价指数是在成本加成基础上的黏性价格。

分别对公式（3.4 – 21）、（3.4 – 16）、（3.4 – 18）、（3.4 – 19）、（3.4 – 10）、（3.4 – 27）、（3.4 – 26）以及（3.4 – 31）对数线性化得到以下公式：

$$E_t\{\hat{r}_{t+1}^k\} - \hat{r}_{t+1} = -\nu[\hat{n}_{t+1} - (\hat{q}_t + \hat{k}_{t+1})] \qquad (3.4 – 44)$$

$$\hat{k}_{t+1} = \delta\hat{i}_t + (1-\delta)\hat{k}_t \qquad (3.4 – 45)$$

$$\hat{q}_t = \varphi(\hat{i}_t - \hat{k}_t) \qquad (3.4 – 46)$$

$$\hat{r}_{t+1}^k = (1-\vartheta)(\hat{y}_{t+1} - \hat{k}_{t+1} - \hat{x}_{t+1}) + \vartheta\hat{q}_{t+1} - \hat{q}_t \qquad (3.4 – 47)$$

$$\hat{y}_t = \hat{a}_t + \alpha\hat{k}_t + (1-\alpha)\Omega\hat{h}_t \qquad (3.4 – 48)$$

$$\hat{w}_t^e = \hat{y}_t - \hat{k}_t \qquad (3.4 – 49)$$

$$\hat{n}_{t+1} = \frac{\gamma RK}{N}(\hat{r}_t^k \cdots \hat{r}_t) + \hat{r}_t + \hat{n}_t + \cdots + \hat{\varphi}_t^n \qquad (3.4 – 50)$$

$$\hat{c}_t^e = \hat{n}_{t+1} + \cdots + \hat{\varphi}_t^{ce} \qquad (3.4 – 51)$$

中央银行的两种行为方式：

数量型：$M_{t+1}/P_{t+1} = e^{g_{t+1}^m}M_t/P_t$

$$\hat{m}_{t+1} = g_{t+1}^m + \hat{m}_t \qquad (3.4 – 52)$$

$$g_{m,t} = \rho_m \cdot g_{m,t-1} - \sigma_m \cdot \hat{\pi}_{t-1} + \varepsilon_t^m \qquad (3.4 – 53)$$

价格型：$R_{t+1}^n = R_{t+1}\pi_{t+1}$

$$\hat{r}_{t+1}^n = \hat{r}_{t+1} + \hat{\pi}_{t+1} \qquad [O] \qquad (3.4 – 54)$$

$$\hat{r}_t^n = \rho\hat{r}_{t-1}^n + \varsigma\hat{\pi}_{t-1} + \varepsilon_t^{rn} \qquad (3.4 – 55)$$

资源约束：

$$\hat{y}_t = \frac{C}{Y}\hat{c}_t + \frac{I}{Y}\hat{i}_t + \frac{G}{Y}\hat{g}_t + \frac{C^e}{Y}\hat{c}_t^e \tag{3.4 - 56}$$

财政支出冲击和技术冲击描述：

$$g_t = g_a \cdot a_{t-1} + \varepsilon_t^g \tag{3.4 - 57}$$

$$a_t = \rho_a \cdot a_{t-1} + \varepsilon_t^a \tag{3.4 - 58}$$

3. 模型求解

以上的线性差分方程组，可以转化为以下形式：

$$X_t = HY_t + Ef_t \tag{3.4 - 59}$$

$$[y_{1,t+1}E(y_{2,t+1})] = A[y_{1,t}, y_{2,t}] + Ef_t \tag{3.4 - 60}$$

其中，X_t、Y_t 为向量，而 $Y_t = \begin{pmatrix} y_{1,t} \\ y_{2,t} \end{pmatrix}$，我们需要求解的线性差分系统就是这里的（3.4 - 60）。

这个线性差分系统就可以参照本章第一节的 DSGE 模型求解的步骤进行求解了。本模型的估计将在第四章第一节中详细介绍。

4. 数据处理

本文选用的数据为中国月度数据，时间区间为 1997 年 1 月至 2011 年 2 月，共 170 个数据样本，数据来源于 CCER 数据库以及国家统计局发布的《中国经济景气月报》。本文主要的可观测值为工业增加值、通货膨胀指数 π 以及以 M_0 度量的货币供应量。为了得到波动序列，需要对以上三个序列进行如下处理：首先，对工业增加值和 M_0 进行价格平减，用生产者价格指数对工业增加值进行平减，用消费者价格指数对 M_0 进行平减；其次，对三个序列进行季节调整；再次，对三个序列取对数；最后，使用 HP 滤波器对取过对数的三个序列去势，从而得到本文所需要的波动序列。

第四章 结售汇制度下货币政策 独立性探讨

改革开放的前 15 年，货币金融体系的改革是其他部门倒逼的结果。1994 年外汇管理体制改革之前，曾经有两次深刻的体制变革实践：一是外贸内部结算汇率与官方汇率并存局面的形成；二是外汇留成制度的形成。改革开放前，在计划配给制下外汇汇率市场需求被扭曲，无法形成真实汇率。官方制定的汇率（1979 年为 1 美元兑 1.53 人民币）不能反映当时的外汇供需状况[①]，一个突出的表现是外贸部门出口换汇后，不能盈利，甚至亏损，出口企业自身国际市场竞争力很差，为了使企业维持运营，1981 年 1 月 1 日将贸易内部结算价定为 1 美元兑 2.80 人民币。然而，问题是这种贸易内部结算价是固定的，当外部环境变化（由于价格改革和出口经营权的扩大，竞争越来越激烈；美元贬值会导致人民币官方汇价不断贬值），贸易内部结算价并不能保证外汇供需的平衡[②]，1984 年底，当官方汇率接近贸易内部结算价时，该制度其实已经名存实亡。

---

① 当时外汇需求的主体依然是国家，区分个体需求和国家需求的必要性是，国家的需求会因政治因素产生较大波动，而个体需求基本服从概率分布，其均值和方差较为稳定；外汇供给主体是出口企业。

② 当时的条件下，在出口企业不允许倒闭的前提下，企业维持运营只能通过外汇贬值的手段达到。尽管僵化的贸易内部结算价不是好的解决问题的办法，这种非市场机制的思维模式是制度不能维系的根本原因。

1985 年开始，官方正式取消贸易内部结算价，重新恢复单一汇率制。在官方汇率与贸易内部结算价等官方管制的汇率体系之外，一股市场力量在发展壮大，并一度成为外汇价格形成的决定因素，这就是外汇留成制。个人认为其间的价格算是中国改革开放以来浮动汇率制的有益尝试。外汇留成制"是外汇在国家集中管理，统一平衡的同时，适当留给创汇企业一定比例的外汇，以满足经营发展所需的进口需求"。当国家允许外汇留成交易时，外汇市场正式成立。早在改革开放之初，沿海城市就有专门的外汇调剂业务。随着出口规模的扩大和外汇留成比例的提高，外汇交易量越来越大，成为外汇价格形成的主要力量。一个主要的客观原因使外汇市场化进程速度减缓：中国缺乏稳定的货币发行机制。两方面因素形成了这种缺乏，一方面是改革开放以来货币需求持续攀升，另一方面货币发行实行银行信贷配给制，货币需求大量增加使银行信贷申请额度连年攀升，倒逼货币发行。

　　20 世纪 90 年代，市场化刚刚起步，信贷相对匮乏，信贷需求建立在对未来预期的基础之上，而商品供给水平则是一个缓慢增长的过程，现实就出现了过多的货币追逐有限商品的现象，致使通货膨胀连年攀升。1993 年居民消费价格指数，固定资产价格指数以及原材料、燃料、动力购进价格指数较上年增长 20% 以上。如果不改变以往的货币发行方式，生产生活将难以为继。将外汇以货币发行的名义锚成为制度改革的备选项。另外一个原因是国际舆论压力。汇率"双轨制"成为中国"复关"谈判的一大障碍，恢复单一汇率制，并采用更为弹性的汇率制度成为谈判的争论点之一。1994 年起，中国政府开启了新一轮外汇管理体制改革。外汇管理体制改革的核心是汇率并轨。1993 年底公布的《中共中央关于建立社会主义市场经济体制若干问题的决定》指出，"改革外汇管理体制，建立以市场供求为基础的浮动汇率制度和统一规范的外汇市场，逐步使人民币成为可兑换货币"。改革目标主要有两个：一是建立以市场供求为基础的浮动汇率制度；二是建立统一规范的外汇市场。随后几年的数据显示两个目标存在矛盾。1994 年之后，汇率走势除去改革的前两年有小幅波动之外，到 2005 年维持一条直线。即使 2005 年之后，人民币的"有序"升值也在可控范围之内。而以市场供求为基础的外汇市场始终没有建立起来。究其原因是一个改革政策维持了这种局面，那就是设立的外汇结售汇制度。外汇结售汇制度辅之以取消外汇留成等措施，加上可控的商业银行使外汇市场的培育成本变得较高。易纲（2009）认为这些措施"简化了用汇手续，有利于调动企业出口创汇的积极性"，本文认为这种观点是在以商品市场改革为主体的市场化改革角度理解的。而在外汇市场化改革的角度，这种外汇管理体制改革相对于外汇留成制度是反市场化改革的标志。

外汇结售汇制度对经济的影响程度与其规模的变动呈正相关关系。当对外贸易和资本流动规模较小时，外汇结售汇制度对货币政策影响与其他影响货币政策的因素一样，并不会对经济产生不可逆转的影响。然而随着中国加入 WTO，中国制造业竞争力凸显，贸易格局发生深刻的变化，中国贸易项顺差持续扩大，与此同时，资本项目顺差也呈现连年攀升态势。国际收支的顺差状况导致外汇占款成为中央银行最重要的资产。数据显示，2008 年以来，外汇占款约占中央银行总资产的80%。巨大的外汇占款压缩了中国货币政策的调控空间，实际上绑架了货币发行制度。

第一节　中国货币经济的经验事实①

自 20 世纪 90 年代以来，中国经济中出现了一些可供探讨的货币

---

① 如无特别说明，数据均来源于中国人民银行网站。

现象，一度成为宏观经济学家和以中央银行、银监会、证监会以及保监会为代表的政府管理部门所关注的主题。这些货币现象包括不断攀升的存款准备金率、步履缓慢的金融体系市场化改革、捉襟见肘的货币政策调控工具、备受抑制的金融创新。这些现象与被外汇占款绑架的货币发行制度关联度较高。

1. 流通中的现金与外汇占款的数量关系

自改革开放以来，金融系统已经从一个单一的按指令、以配额分配资金的"出纳"变成了一个多层次的资金配置系统。资金配置主体逐渐由以政府为主导过渡到政府、中央银行、商业银行、居民和企业广泛参与的模式。在模式的转变过程中，货币经济体中表现出很多值得关注的现状。

（1）流通中的现金（货币供应量 M_0[①]）

1990 年以来，流通中的现金呈不断增长态势。1990 年，流通中的现金为 0.26 万亿元，至 2013 年底规模已经扩大至 5.9 万亿元（见图 4 - 1），增长了 21 倍左右，年均增长 14.54%。1994 年以前，中国的银行是分配资金的部门，并不是一个真正意义上的银行，货币的发行实际上不受约束；1994 年金融体系、外汇体系进行了重要改革，货币发行受到实质性约束。随着对外贸易的增长，货币发行逐渐受到外汇占款增长的制约。由于前几年处于体制适应期，流通中的现金变动很大，而且保持高速增长态势；体制适应期过后的 2000 ~ 2013 年，年均增速依然达 11.42%，流通中的现金波动性依然较为剧烈。其间的一个增速波峰出现在 2003 年，达 14.28%，接

① 1992 年以前的数字为国家银行与农村信用社统计口径，1992 年以后的统计范围为银行概览统计口径。1997 年初，中国人民银行对金融统计制度进行了调整，因此自 1997 年的数据与历史数据不完全可比。2001 年 6 月起，已将证券公司客户保证金计入货币供应量（M_2），含在其他存款项内。

下来的一年下降为 8.7%，反映了中央银行在慢慢适应超速增长的外汇；最高增速出现在 2010 年的 16.68%；其间货币流通速度下降，使中央银行不得不增发货币以巩固正在危机中恢复的经济成绩。最低出现在 2001 年，当时的国际背景是美国地产泡沫的破灭，国际需求低迷，外汇也出现大幅下滑。

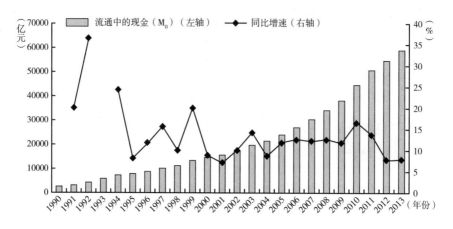

图 4 - 1　1990 ~ 2013 年流通中的现金 （M_0） 规模及增速

（2）不断膨胀的中央银行资产负债表

图 4 - 2 显示，中央银行的总资产波动较大，波动的主导力量是国际环境的变化和外汇制度的绑架。1999 年中国人民银行资产负债表显示的总资产为 2.85 万亿人民币，至 2012 年底总资产规模增长至 29.45 万亿人民币，13 年增长了 9 倍多，中央银行的总资产规模约占 GDP 的一半。

中国人民银行的资产负债表中，共有四项资产：黄金和外汇、对政府的债权、对其他金融公司的债权和对非金融公司的债权。对政府的债权、对其他金融公司的债权和对非金融公司的债权的规模增长较小，除金融危机期间，对政府债权扩大了 1.5 万亿元，与此同时，除对社会债权减少了 1 万亿元外，并没有出现大幅度增长现象。

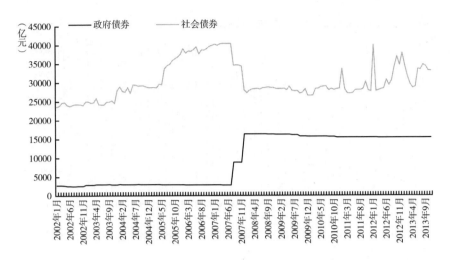

图 4-2　2002~2013 年中国人民银行资产负债表中政府债券、社会债券的变动趋势

　　总资产大部分的增长可由外汇占款来解释。2001 年底加入 WTO 后，中国与世界沟通的渠道变得更加畅通，凭借巨大的商品生产市场、低廉的价格源源不断地为世界供应所需要的商品，同时带来了源源不断的外汇。与此同时，中国开放的政策环境、低廉的劳动力成本和较高的资本回报率，受到国际投资者的青睐，资本项目顺差逐年增加。由于外汇结售汇制度的实行，中国经常项目和资本项目顺差在促进经济增长的同时，也导致中国人民银行被迫发行货币。尽管外汇结售汇制度不再是硬性规定，但是人民币升值预期加深，人民币本身的保值能力加强，外汇的结算率依然较高。图 4-3 显示，2001 年外汇占中国人民银行总资产的比例仅为 31% 左右，2002 年即跃至 45%，随后逐年攀升，即便是世界经济低迷的 2008 年增长势头依然强劲，2008 年以后外汇占款比例稳定在 80% 以上。

2. 外汇占款增多引发的困境

　　为了应对不断增加的外汇占款，稳定货币发行量，中国人民银行被迫提高准备金率，以应对其资产负债表资产端的扩大；严重依赖存

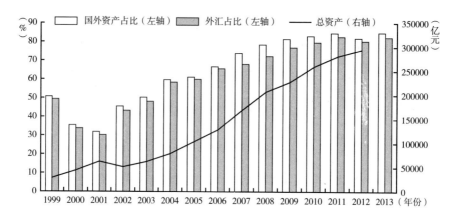

图 4 - 3　1999 ~ 2013 年中国人民银行总资产、国外资产占比和外汇占比

注：2013 年的数据是 2013 年 11 月的数据。

贷款利率政策，延缓利率市场化改革步伐；同时不断推出新的货币政策工具以期实现引导市场预期的目标。

（1）迫于应对资产端增长，货币政策工具信号紊乱

被迫提高准备金率，以应对中国人民银行资产负债表资产端的扩大。中央银行的政策目标之一是维持货币稳定，防止通货膨胀。外汇占款的意外增加造成货币超发、易引发通货膨胀，为对冲外汇占款造成的货币超发，中央银行需回收流动性。从中国人民银行的资产负债表看，中央银行通过提高准备金率来对冲外汇占款增加带来的货币超发。

作为中央银行三大政策工具之一，调整基准利率和调整存款准备金率的方向一致，以反映中央银行的政策意图。例如 2010 年，上调存款准备金率的同时也上调银行存贷款利率，目的都是应对日益上涨的通货膨胀压力。同样面对 2008 年国际金融危机的冲击，中国人民银行于 9 月起连续大幅下调银行存款准备金率，同时下调银行存贷款利率以应对危机带来的流动性不足现状。然而，从总体趋势来讲，存款准备金率处在上升状态。2008 年以来，尽管外需疲软，内需增长

乏力，存款准备金率依然从 2008 年初的 15%，增长到 2012 年的 20%。

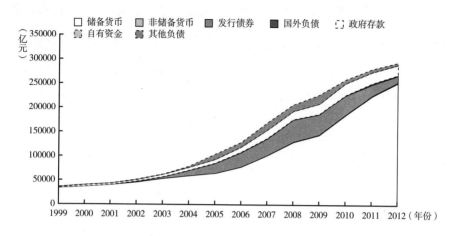

图 4-4　中国人民银行中央银行资产负债表的负债结构

注：非储备货币对应的是央行的资产负债表中"不计入储备货币的金融性公司存款"项。

　　作为中央银行的三大政策工具之一的存款准备金率被外汇绑架，中央银行的政策操作空间被大幅限制。严重依赖存贷款利率政策，延缓了利率市场化的改革步伐。改革开放，尤其是 1994 年银行业改革以来，存贷款利率作为基准利率一直是中央银行主要的操作工具，尤其是当经济出现严重的外部冲击、市场出现较大的泡沫时。

　　表 4-1 总结了历年存贷款基准利率的调整状况和当时的经济背景。中国人民银行实施货币政策的操作空间有限，且债券市场操作空间有限①，存贷款基准利率是一个有效的传导途径。然而，在利率市场化改革的大背景下，这种传导机制将被封堵。2009 年中国人民银行发布《关于 2009 年上海银行间同业拆放利率建设工作有关事宜的

---

① 由于在国债市场上中央银行所占份额较少，大约 1.5 万亿元，占整个国债市场的 19.5%，而商业银行持有 70% 以上的份额，在债券市场上有充分的话语权。债券市场的传导机制不顺畅。

通知》（银发〔2009〕24 号），提出继续完善 Shibor 形成机制，积极推动金融产品以 Shibor 为基准定价或参照其定价。然而，中国人民银行金融研究所的金中夏[①]认为，"……Shibor……是在金融市场特别是银行间市场以存贷款基准利率为参照形成的二级基准利率"。过度依赖存贷款利率的利率定价体系，使利率市场化改革受掣肘，对存款上限的限制依旧没有放开。

表 4 - 1　存贷款基准利率的调整

年份	贷款调整状态和次数	存款调整状态和次数	经济背景
1993	上调 2 次	—	经济过热、物价上涨幅度持续攀升
1996	下调 2 次	下调 2 次	企业生产经营状况不乐观，仍存在产销率下降，亏损额、亏损面不同程度地扩大，银行利息负担较重
1997	下调 1 次	下调 1 次	亚洲金融危机爆发，国际经济形势发生很大变化，中国经济发展遇到消费市场低迷、物价持续负增长、出口下降、外商投资减少、金融风险加大等困难，经济结构面临大的调整
1998	下调 3 次	下调 3 次	金融危机的影响
1999	下调 2 次	下调 2 次	应对金融危机的持续影响
2002	下调 1 次	下调 1 次	巩固前期应对金融危机的政策
2004	上调 1 次	上调 1 次	投资规模偏大、物价持续上涨
2006	上调 2 次	上调 2 次	股票市场泡沫出现，市场流动性过剩，通胀预期压力过大
2007	上调 6 次	上调 6 次	股票价格虚高，流动性过剩
2008	下调 3 次	下调 3 次	汶川地震和金融危机导致的经济萎缩，失业增加
2010	上调 2 次	上调 2 次	通胀压力预期升高，经济中出现流动性过剩现象
2011	上调 3 次	上调 2 次	应对通胀压力，抵消经济中流动性过剩
2012	下调 2 次	下调 2 次	国际环境低迷，担心经济二次探底

（2）政策工具调控手段受限，新政策工具层出不穷

除了存款准备金率和利率之外，中央银行常用的另外一个操作工具是公开市场业务。由于债券市场的局限性，中央银行借以操作的标

---

① http：//finance. ifeng. com/a/20140619/12572116_ 0. shtml.

的有限，在利率市场化的背景下，不断创造新的工具，比如中央银行票据，以维持货币的稳定。一般而言，央行借以操作的工具是以由真实发生的经济行为支持的票据作为操作手段，以保证经济体内货币发行的随意性限制在有限范围内。比如，政府债权支持的政府行为，最后由政府买单，并且受政府债务上限的约束；企业债券由企业的经济行为背书；而中央票据并无实际经济行为发生，为权力的滥用埋下伏笔。

随着商业银行贷款利率的市场化，中央银行为了弥补政策信号传递不足的问题，先后推出常备借贷便利操作工具和短期流动性操作工具。中央银行操作工具日渐丰富的同时，凸显了政策传导机制不顺畅的现实。

（3）互联网金融监管政策困境，凸显外汇占款的影响

外汇占款增多导致一系列商业银行监管政策的出台。其中，一个典型的政策是存款准备金率要求达到20%。近年来，互联网金融蓬勃发展，为民营企业进入商业银行领域做出了榜样。然而，互联网金融监管问题成为一个重要的经济问题。有学者称互联网金融应该从"业务实质"而非"称谓"进行监管，他以美国的PayPal为例，指出虽然PayPal一直宣称自己只是第三方支付机构，不是银行，但美国纽约州从PayPal所从事业务本质入手，要求其要么遵照"银行"的监管要求，要么改变业务模式退回到真正的"支付机构"；并指出中国的互联网金融企业"……因其利用有限的'支付牌照'，却实际上不断扩大业务范围、在各种金融领域如入无人之境！在做了与'银行'一样的事情时，却根本不用接受像'银行'一样的监管……"①。从监管者的角度讲，监管市场结构是其职责，然而存在一个重要的问

---

① http://finance.ifeng.com/a/20140505/12263885_0.shtml.

题是，如果把互联网金融等同于中国的商业银行并纳入银监会监管范围，互联网金融生存环境不容乐观。

由于外汇占款的存在，银行的存款准备金率已经高达 20%。高额的存款准备金一方面提高了资金的机会成本，另一方面严重挤压了互联网金融企业的生息规模和生息空间，不利于互联金融的发展。

（4）催生大量套利交易，扰乱市场秩序

带有管制性质的外汇价格是滋生外汇套利①的温床。套利空间的大小可以从一个方面度量管制效率损失的大小。客观上讲，套利是可度量的，但是由于数据可得性问题，并不能给出一个确定的答案。本文从一个侧面来大致估算该值的大小。2014 年 2 月中旬中国人民银行干预外汇市场，旨在扩大人民币汇率浮动幅度，作为探索外汇市场化改革的试探性一步。然而，正是这种操作使寄生于对外贸易、以套利为目的的虚假贸易浮出水面。2014 年 3 月的一般贸易进出口额的下滑规模可以作为这种虚假贸易的虚拟变量。

分析 2014 年 3 月对外贸易的区域差距发现，中国对美国累计出口增速 1.4%，较上月持平；对欧盟、日本、东盟累计出口增速分别为 5.5%、6.9%、6.8%，较上月分别回升 1.3 个、2.3 个、2.0 个百分点。而出口中国香港的贸易额大幅下滑 31.3%，为连续第 3 个月下跌，且跌幅较上月扩大 10.4 个百分点，此外，我国对香港进出口也大幅下降 33.3%。由于香港具有转口港的便利条件，大量外汇套利现象滋生，如果假定真实贸易没有发生巨大变化，2013 年 3 月贸易总额为 1056 亿美元，那么外汇套利交易大约 300 多亿美元，约占月度 GDP 的 4%。巨额的套利交易一方面提高监管难度，另一方

---

① 《进出口贸易数据有水分引起深港贸易的角套利乱象》从新闻的视角报道了这种现象的存在，http://www.yidacaifu.com/news/201306093386.html。

面为进一步改革设置障碍。

3. 以乘数效应放大的货币供应量 M$_2$

1990 年以来，货币供应量 M$_2$ 呈不断增长态势。1990 年，货币供应量 M$_2$ 为 1.5 万亿元，至 2013 年底规模已经扩大至 110.7 万亿元，增长了 73 倍，年均增长近 20%。1990~2013 年，名义国内生产总值规模从 1.8 万亿元增长至 56.8 万亿元，规模仅增长了 31 倍，年均增长率为 16% 左右。国内生产总值的货币覆盖率从不到 100% 扩大到 2013 年的将近 200%。

自 1990 年至 2013 年底，基础货币 M$_0$ 以年均 13% 的增长速度增长，高出实际 GDP 增长速度 3 个百分点；基础货币增长速度较快，宽口径的货币供应量增长更快，货币供应量 M$_1$ 与货币供应量 M$_2$ 的增长速度分别高达 15%、17%。换句话说，M$_1$ 与 M$_2$ 以更快的速度为全社会提供货币供给。货币乘数反映了基础货币和宽口径的两种货币供应量之间的增长差异。图 4-5 是基础货币的货币乘数，自 21 世纪开始，货币乘数一直呈上升之势：除了 2008 年出现小幅下滑之外，货币乘数 M$_1$/M$_0$ 一直呈现缓慢增长态势；货币乘数 M$_2$/M$_0$ 增长趋势显著，2009 年加速增长。

在理解货币供应量与实体经济的关系中，费雪的交易方程式 $MV = PY$ 成为宏观经济学中一个有效但未必有用的公式。方程右边是名义国民生产总值，包含消费品、服务以及投资的名义值；Y 是真实的国民生产总值，P 是价格；方程左边是货币供应量 M 与货币流通速度 V。说其"有效"是因为该公式总是成立，总是有一个 V 来填补所有未经解释的东西。比如，很显然在交易过程中，除了国民生产总值所涉及最终产品需要进行交易，进而使用货币外，大量的中间阶段产品亦需要通过交易来完成，进而需要使用货币，这个 V 不仅包含了货币流通速度，还包括了未包含在内的中间产品交易部分。当国民生

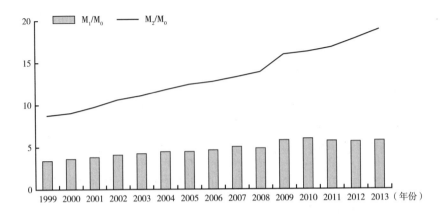

图 4 – 5　基础货币的货币乘数（1999～2013 年）

产总值与中间产品的比例固定时，V 的变化才有固定的意义。为了能更多理解货币、价格和产出的关系，本文尝试在 DSGE 模型的框架下展开讨论。

第二节　结售汇制度影响经济波动的机制

在外汇结售汇制度的存在前提下，货币发行制度被进出口状况锁定。货币作为支付手段，代表的是一种资源的价格；以资源作为价值本身，货币就成为一种购买力。假设资源价值不变，由于进出口状况取决于国内外供需状况，货币的购买力本身受国内外供需状况影响，进而使资源的价格发生变动。资源价格的变动扭曲了经济的传导机制，进而加剧了经济波动。长久以来，中国一直没有发生过真正的金融危机，这种情况随着中国债务规模的提高，可能会成为历史。外汇结售汇制度增加了这种可能性。

本部分在第三章第五节的模型基础上，构建了一个容纳外汇结售汇制度的 DSGE 模型，模拟①外汇结售汇制度如何加剧经济波动，

②高杠杆率的时代背景下，外汇结售汇制度如何提高金融危机发生的概率和深度。

1. 政策模拟

1990 年以来，外汇储备大幅增长，尤其是 2001 年加入 WTO 以来，中国对外开放的程度进一步加深，贸易竞争力逐年提高，市场潜力逐渐展现，外商直接净投资和净出口不断增加，在强制结售汇的制度环境下，外汇占款呈逐年增长趋势。存款准备金制度作为对冲流动性的手段，已经增长到 20% 的高点，未来增长的空间有限。本文假定中央银行在对冲手段有限的情况下，分析外商直接净投资和净出口变动对经济的影响。

为了方便分析，本文假定资本项目未开放，仅考虑净出口变动对经济的影响，同时也不对净出口走势做判断。这样净出口变动会出现两种情况：贸易顺差和贸易逆差。另外，金融体系规模扩大，企业和政府的杠杆率不断提高，本文亦探讨在此背景下净出口的经济效应。

（1）贸易顺差时，外汇结售汇制度的影响

这里将杠杆率设定为 100%，意味着资本净财富比为 2。单位顺差的经济效应如图 4 - 6、图 4 - 7 所示。

贸易顺差时，外汇占款的增加导致被迫发行货币，进而引起利率的下滑。此背景下投资者认为投资将有利可图，进而增加投资，而对消费者而言，在资本的回报率高的情况下，储蓄将变得更加有利，选择储蓄而非消费成为消费者的选择。由于存在工资黏性和价格黏性，个体的这种行为不会随着利率回到正常水平而停止，进而导致货币政策的影响持续到 3 年以后，也就是 36 期以后。由于投资增加，工资水平提高，产出也提高上去。即使在技术没有进步的情况下，经济体受货币政策影响依然会有一个正的效应，代价是增大了经济的波动。

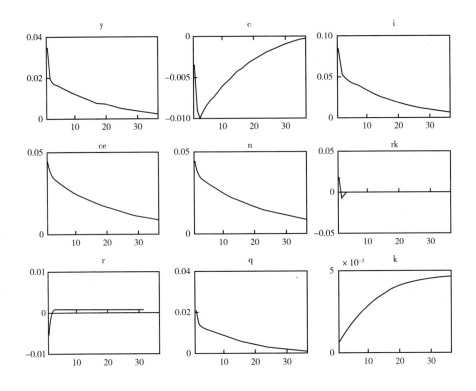

图 4 - 6　顺差对经济的影响（一）

（2）贸易逆差时，外汇结售汇制度的影响

贸易逆差时货币政策被动收紧货币，导致产出的减少，单位货币量的减少会导致产出第一期下滑 0.037，这种影响随时间而衰减，但是持续时间可能在 3 年以上。逆差对消费有些许的贡献，但是贡献度较小，持续时间也在 3 年左右。紧缩的货币政策主要是通过影响投资，进而引起产出的下降。单位货币发行量的减少将导致投资下滑 10%。利率的下降能解释消费的增长与投资的下滑，进而解释产出的下降。当贸易逆差出现时，货币政策收紧，进而导致利率上升，作为消费者选择消费比储蓄更划算，进而消费增加，但是由于利率的上升，挤压了资本回报率的空间，进而引起投资的减少。

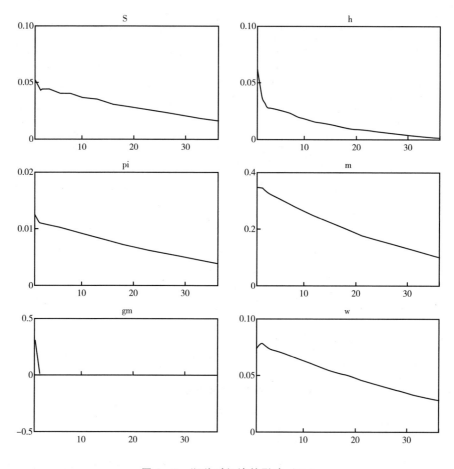

图 4 - 7　顺差对经济的影响（二）

贸易逆差时，经济面临通货紧缩的风险，当经济处在通货紧缩的状态时，扩张的货币政策往往达不到正常的效果，进而陷入长久的衰退之中。

（3）不同杠杆率下，外汇结售汇制度的影响

杠杆率不同，外汇结售汇制度对经济的影响也会出现不一样的表现。本部分模拟分析不同杠杆率下经济的表现有何不同。本文的杠杆率特指负债与净财富的比例。以下是四种模拟方案：模拟方案

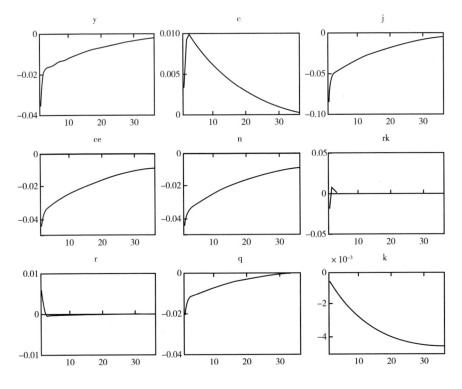

图 4 - 8　逆差对经济的影响（一）

一代表个体通过自身财富积累，而非负债满足资本需求；模拟方案二、三和四是企业自身的财富积累不能满足资本的扩大再生产，因此通过负债来弥补剩余的部分，其杠杆率分别是 50%、100% 和 200%。表 4 - 2 给出了不同杠杆率下对应的资本净财富比，该值直接进入程序。

表 4 - 3 是产出的模拟结果，是对不同杠杆率下货币政策效应的比较。结果显示随着杠杆率的增长，单位货币政策冲击的当期效果越来越小，但是经济效应的黏滞性越来越强。政策其实意味着随着全社会加杠杆的深化，货币政策影响的当期效果越来越不显著，而持久性越来越强。

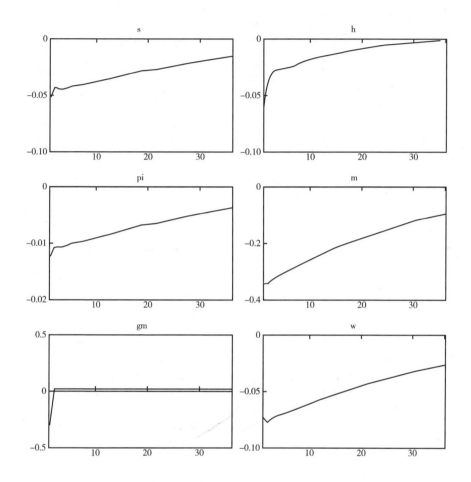

图 4 - 9   逆差对经济的影响（二）

表 4 - 2   情景模拟方案

模拟方案	净财富	企业经营所需资本	资本净财富比	负债	杠杆率(%)
模拟方案一	100	100	1	0	0
模拟方案二	100	150	1.5	50	50
模拟方案三	100	200	2	100	100
模拟方案四	100	300	3	200	200

表 4 – 3 不同杠杆率下货币政策效应比较

产出

滞后期数	模拟方案一	模拟方案二	模拟方案三	模拟方案四
1	0.009929	0.009759	0.009235	0.00843819
2	0.003667	0.004613	0.004741	0.004419675
3	0.002626	0.003565	0.003678	0.003284768
4	0.002753	0.003575	0.003588	0.003051904
5	0.00272	0.003473	0.003418	0.002781594
6	0.002622	0.003318	0.003208	0.002496848
7	0.002527	0.003167	0.003007	0.002239016
8	0.002434	0.003022	0.002817	0.002007216
9	0.002342	0.00288	0.002636	0.001797157
10	0.00225	0.002741	0.002463	0.001606498
11	0.002159	0.002605	0.002297	0.001433414
12	0.002069	0.002473	0.00214	0.001276232
13	0.001981	0.002345	0.00199	0.00113344
14	0.001893	0.00222	0.001847	0.001003694
15	0.001808	0.002099	0.001711	0.000885789
16	0.001724	0.001982	0.001582	0.000778647
17	0.001642	0.001868	0.00146	0.000681303
18	0.001563	0.001758	0.001344	0.000592888
19	0.001485	0.001653	0.001233	0.000512621
20	0.00141	0.00155	0.001129	0.000439797
21	0.001337	0.001452	0.001031	0.000373779
22	0.001266	0.001358	0.000938	0.000313991
23	0.001198	0.001267	0.00085	0.000259911
24	0.001132	0.00118	0.000767	0.000211064
25	0.001068	0.001097	0.00069	0.000167017
26	0.001007	0.001017	0.000616	0.000127375
27	0.000948	0.000941	0.000548	9.18E – 05
28	0.000892	0.000868	0.000484	5.99E – 05
29	0.000838	0.000799	0.000424	3.14E – 05
30	0.000786	0.000733	0.000367	6.06E – 06
31	0.000737	0.00067	0.000315	– 1.64E – 05
32	0.000689	0.00061	0.000266	– 3.63E – 05
33	0.000644	0.000554	0.000221	– 5.37E – 05
34	0.000601	0.0005	0.000179	– 6.89E – 05
35	0.00056	0.000449	0.00014	– 8.21E – 05
36	0.000521	0.000401	0.000104	– 9.35E – 05

2. 政策分析与建议

贸易顺差时，外汇结售汇制度是一个鼓励投资的政策，投资的挤出效应使消费持续低迷，加重了投资依赖型的经济增长模式，与拉动内需的政策相悖。而在贸易逆差时，经济有陷入通货紧缩的风险。所以，外汇结售汇制度是造成中国货币经济政策事与愿违的制度之一。

由于外汇结售汇制度的形成有一定的时代背景，时代变了，制度存在的合理性也发生了变化。巨额的外汇存量和源源不断的外汇增量，给外汇管理局的工作带来巨大压力，尤其是人民币升值预期没有被打破的时候，不同的杠杆率加强了制度的破坏性。不同的杠杆率下，货币政策经济效果会有较大的不同，随着杠杆率的不断提高，货币政策的当期效果将越来越不显著，而其政策效应的持续性将增强，这意味着货币政策对经济的影响越来越黏滞，对外汇结售汇制度提出挑战。外汇结售汇制度的存在使货币政策随国际环境的变动而变动，杠杆率的提高增强了波动的持续性，使经济变动更加难以预测。

对此，提出以下两方面的建议。①放松外汇结售汇制度。外汇结售汇制度的存在增加了企业的交易成本。外汇兑换存在价差，拥有外汇兑换业务的商业银行可以以此赚取差价。取消外汇结售汇制度后，外贸企业可以节省汇兑成本，这有利于国内外汇交易市场的培育和发展。②大力推进资本项目对内开放。当国内居民海外投资渠道阻塞时，持有外汇的机会成本较高，兑换成人民币的动机强烈。大力发展资本项目对内开放，有利于培育国内外汇理财市场的发展，培养国内机构和个人的全球市场理财意识。

第三节　结论

本文通过考察中国货币经济的经验事实、考察外汇结售汇制度的实质，指出外汇结售汇制度是制定货币政策的决定因素，在动态随机一般均衡的框架下，探讨了这一制度的经济效应。

自 1994 年外汇结售汇制度设定之后，这项制度一直延续到现在，尽管此间有小幅变更，但是制度的实质并没有发生根本变化。外汇结售汇制度给中央银行一个有效的名义锚，结束了被投资冲动绑架的货币发行制度。然而随着时间的推移、国际环境的变化、国际分工格局的变迁，外汇结售汇制度越来越显出其弊端：首先，巨额的双顺差造成的外汇占款成为中央银行资产端最重要的资产；其次，中央银行为了应对资产负债表扩大不得不严重依赖存款准备金，推高存款准备金率；再次，存款准备金的提高造成对金融创新的抑制；最后，金融创新的抑制，进一步减慢利率市场化的脚步，进而制约金融市场化的步伐。

从对经济波动的影响看待外汇结售汇制度以及由此决定的货币政策，可以从更广阔的视角考察今后货币政策的发展方向。我们借助于分析经济波动的流行工具 DSGE 模型，分析了货币政策对经济的扭曲，进而提出货币政策的改革方向应该朝着减少操作幅度和频率的方向发展。DSGE 模型分析结果显示：2005 年以来，货币政策变动是仅次于财政支出影响经济的因素，而技术进步在整个经济过程中的影响微乎其微。

贸易顺差时，外汇结售汇制度导致外汇占款增加，中央银行被迫发行货币，而为了对冲流动性过剩的状况，需要进一步实施反向货币操作，进而加剧经济波动。而延续的顺差势必导致中央银行对冲操作乏力，操作空间越来越小。而在贸易逆差情况下，中央银行不得不考虑通货紧缩导致的经济衰退。无论是顺差还是逆差下，外汇结售汇制度环境下货币政策倾向于加剧经济波动，而这种影响能持续影响经济体三年之久。随着整个经济体杠杆率的增加，货币政策的刺激作用越来越微弱，而其黏滞性越来越强，对经济影响的持续时间越来越长。

第五章 政策效应模拟比较： 数量型货币政策和价格型货币政策

在探讨数量型与价格型货币政策的政策效应之前，有必要对于经济体做各种简化和假设，DSGE 模型最原始和核心的模型是 RBC 模型（Prescott 和 Kydland，1972）。

RBC 模型的核心假定为：$Max \sum \beta' U$（C_t，N_t）。模型假定经济体中有无数个无限期存在的家庭。在任何时间点上，每个家庭需要权衡消费 C_t 和闲暇 N_t 以满足期望效用最大化，其中瞬时效用函数满足无餍足性 U'（x_t）> 0 和边际效用递减性 U''（x_t）< 0，本文假设瞬时效用函数为 $U = \log C_t + \varphi \log N_t$，$\beta$ 是主观折现率，[0，1] 内的常数，β 越高，意味着家庭未来消费的权重越高，越倾向于减少消费，增加投资；反之亦然。家庭的生产消费行为受当前的生产水平 $Y_t = f$（A_t，K_t，L_t）约束，资本积累水平 $K_{t+1} =$（$1 - \delta$）$K_t + I_t$，所以家庭需要在劳动还是闲暇（$L_t + N_t = 1$），消费还是投资（$C_t + I_t = Y_t$）中做出选择。其中，Y_t 为当期产出，L_t 为当期劳动投入，K_t 为当期资本投入，δ 为资本折旧率，I_t 为当期投资。$Y_t = f$（A_t，K_t，L_t）模型使用常见的 C – D 生产函数 f（K，L）$= AK^{\alpha}L^{1-\alpha}$。

本文比较和模拟了四种模型：新凯恩斯模型（简称 NKM 模型）、BGG 模型、NEW1 模型和 NEW2 模型。NKM 模型在经典的 RBC 模型基础上引入了价格黏性；BGG 模型在 NKM 模型的基础上，依据信息不对称和代理人理论引入了金融加速器效应；NEW1 和 NEW2 均是在 BGG 模型的基础上引入了工资黏性来反映经济中工资变动滞后于产出的现象，两者差别在于，NEW1 模型设定了价格型货币政策，NEW2 模型设定了数量型货币政策。

第一节　校准

模型中的参数按照刘斌（2008）所采用的规则进行赋值，即一般静态参数用校准的方法进行赋值，动态参数用贝叶斯估计的方法进行估计，但对于月度价格调整概率和月度工资调整概率这两个静态参数，由于现实中数据的不可得性，本文亦采用贝叶斯估计的方法。校准参数取值一是参照文献中的惯例，二是根据我国经济数据直接估算。对于涉及时间跨度的参数的赋值，采用先使用年度数据估算年度参数，再根据年度参数推导月度数据参数的方法。由于居民消费产出比、投资产出比（资本形成产出比）的变化趋势明显（比如，居民消费产出比在 1997～2008 年基本保持下降态势，投资产出比趋势相反），因此对这些参数赋值可能会因人而异。本文设定的是封闭模型，因此将外贸顺差在支出法国内生产总值中的份额调整到消费和投资中去。根据历史数据，本文将居民消费产出比、投资产出比和政府消费产出比分别赋值为 0.41、0.43 和 0.15，其余 0.01 为破产金融企业的消费份额。在金融企业部门中存在着金融企业的净财富累积，与此相关的两个重要指标是资本净财富比和产出净财富比，鉴于这两个数据较难获得，本文根据仝冰（2010）的数值分别将资本净财富比和年产出净财富比赋值为 1.92 和 1.29，进而推算出月产出净财富比为 0.11。参数 α 是资本收入份额，参考仝冰（2010）的文献将其设定为 0.40。对于月度主观折现率 β，本文用一年期存款利率进行校准，根据存款利率的年度均值 3%，得到以复利方式计算的月度无风险利率为 0.25%，从而得到月度主观折现率为 0.9975。对于资本回报率我们用一年期贷款利率来校准，一年期贷款利率的历史均值为 5.55%，由此推算出月度资本回报率为 0.45%。本文假定年折旧率 μ 为 0.07，故月度折旧率 δ 为 0.0060。同 BGG（1999），本文假定金融企业的年退出市场概率为 0.2，因而月度退出概率为 0.017，对于银行设定的债务合约的阈值 $\hat{\omega}$，本文也采用 BGG（1999）的数值 0.99。

第二节　贝叶斯估计

本文需要估计的参数共有四组：第一组是调整参数，主要有月度价格调整概率和月度工资调整概率，均取初值为 0.500；第二组是政府支出的自回归参数和波动参数，给定初值分别为 0.500 和 0.035；第三组是技术进步的自回归参数和波动参数，给定初值分别为 0.900 和 0.035；第四组是货币政策的自回归参数、波动参数以及体现相机抉择的货币政策参数，三个参数初值分别为 0.700、0.035 和 0.700。

各个模型需要估计的参数原则上都需要通过贝叶斯估计给出，考虑到不同模型模拟结果的可比性，本文仅给出了 NEW2 模型的贝叶斯估计结果，其他模型的参数均是参考 NEW2 的结果给出。NEW2 模型中 9 个参数的贝叶斯估计结果如表 5－1 及图 5－1 所示。结果表明，除了厂商价格调整的概率没有显著改变之外，其余 8 个参数均有显著改变。也就是说，三个观测值序列中包含了不少新的信息。

表 5 - 1　贝叶斯估计结果

符号	符号含义	先验分布	先验均值	后验均值	置信区间	
ε_t^g	政府消费的随机扰动项	Invg	0.0350	0.4051	0.3685	0.4326
ε_t^m	货币规则的随机扰动项	Invg	0.0350	0.0376	0.0340	0.0406
ε_t^a	技术冲击的随机扰动项	Invg	0.0350	0.0229	0.0206	0.0249
σ_m	货币政策规则中的通胀弹性系数	Beta	0.7000	0.8685	0.7482	0.9965
ρ_m	货币政策规则中的一阶自回归系数	Beta	0.7000	0.0214	0.0027	0.0379
ρ_a	技术冲击的一阶自回归系数	Beta	0.9000	0.8140	0.7679	0.8726
ρ_g	政府消费的一阶自回归系数	Beta	0.5000	0.2502	0.2164	0.2820
ξ_w	劳动者中未调整工资的人数占总劳动力的比例	Beta	0.5000	0.0646	0.0283	0.1183
ξ_p	厂商中未调整价格的数量占总厂商数量的比例	Beta	0.5000	0.4938	0.1559	0.7659

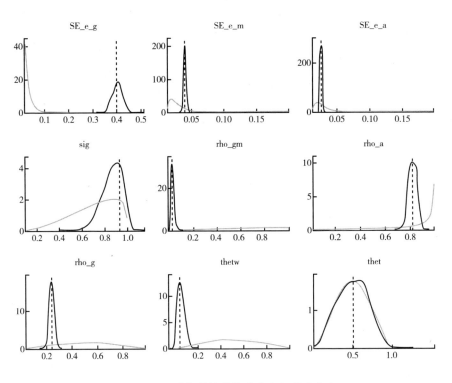

图 5 - 1　贝叶斯估计的先验分布与后验分布

第三节　政策分析

1. 模型结果比较

为了详细了解四种模型对于经济模拟的效果，本文比较了四种模型对正向技术冲击的模拟结果，以更加清晰地了解各个模型的特征。

图 5 - 2 是各个模型对正向技术冲击的脉冲响应，四个模型反映了一些常见的经济特点：投资的波动性最强，消费的波动性最小，有显著的跨期平滑现象，产出的波动性介于二者之间，反映了消费和投资的综合影响。正向的技术冲击对于整个经济系统有积极作用。

图 5 - 2 和图 5 - 3 表明，尽管技术冲击对产出、消费、投资以及资本积累波动的影响方向是一致的，但影响力度有显著差异。面对同一单位的技术冲击，仅考虑价格黏性机制的 NKM 模型响应最弱，同时考虑价格黏性与金融加速器机制的 BGG 模型对于技术冲击的响应最强，综合考虑价格黏性、金融加速器以及工资黏性机制的 NEW1 模型和 NEW2 模型响应居中。该结果与模型的设置有关：BGG 模型中未考虑工资黏性机制，也就是说劳动力市场是有效的，工资可以瞬间调整；而在 NEW1 模型和 NEW2 模型中，劳动力市场存在工资黏性机制，劳动力市场的配置效率相对低于 BGG 模型，较低的配置效率使产出不能达到其潜在水平，从而导致投资和消费响应水平也低于 BGG 模型。

图 5 - 3 还显示出，从长期看正向的技术冲击具有降低物价的倾向。NEW2 模型中价格指数对于正向技术冲击的响应是先提高后下降的，上升的持续期大概在 5 期，之后大约 20 期以内都是下降的，这个结果基本符合预期。

图 5 - 4 反映了工资和工作时间对于技术冲击的响应。对于这些

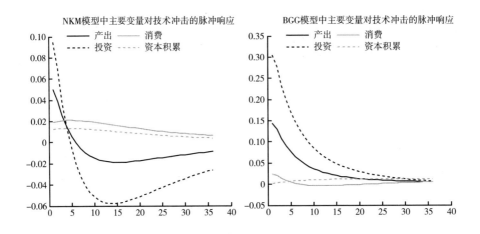

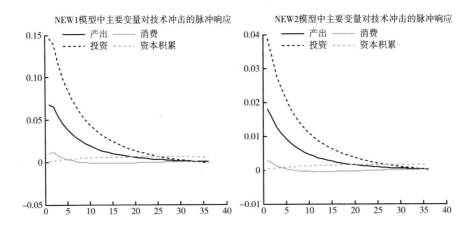

图 5-2 四种模型中主要经济变量波动对技术冲击的脉冲响应

结果的分析需要综合考虑工作时间和资本回报率的影响。在 NKM 模型中，家庭获得当期收入的方式包括工资和资本回报两种，当存在正向技术冲击时，家庭分得的利润增加，这种财富效应可能会使其工作时间减少，同时，由于通货膨胀机制的存在，物价的降低使企业在签订工资合同时有压低工资的倾向。在 BGG 模型中，当考虑金融加速器机制时，工资对于正向技术冲击的响应倾向于提高工资指数。在综

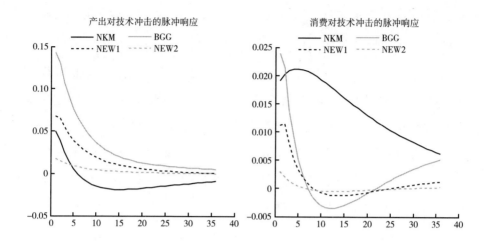

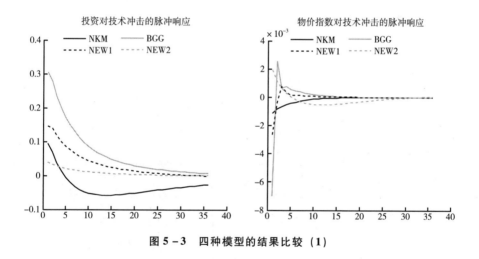

图 5 - 3　四种模型的结果比较（1）

合考虑价格黏性、金融加速器以及工资黏性机制的 NEW1 模型与 NEW2 模型中，工资对于技术冲击的响应是温和的。

金融加速器理论提供了一个解释无风险利率和资本回报率偏离的机制。从图 5 - 4 还可以看出，在传统的 NKM 模型中，无风险利率和资本回报率是相同的，而实体经济中经常会出现资本回报率和无风险利率相分离的情况。金融加速器理论提供的解释两者差异的机制如下：模型假定消费者是风险回避型的，而金融企业是风险偏好型的，金融企业会吸收所有的风险，作为补偿金融企业将具有超出无风险利率和银行监管费用外的资本回报率。在稳态条件下，金融企业所获利润为 0，此时长期内无风险利率和资本回报率的偏离可以由银行的监管费用来解释。这里银行的监管费用可视为外部融资溢价。图 5 – 4 中右上角和左下角的两个图显示，在 NKM 模型中无法区分无风险利率和资本回报率，而引入金融加速器机制的 BGG 模型、NEW1 模型和 NEW2 模型则可以模拟这种背离。

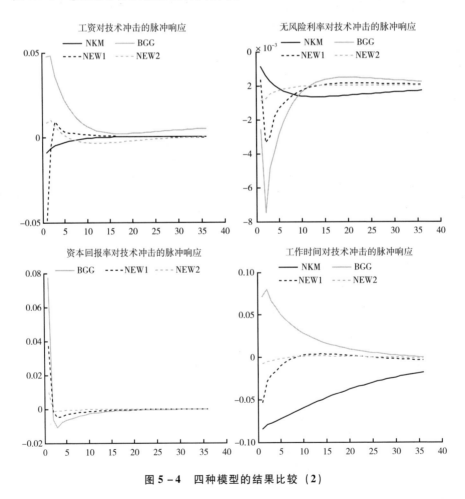

图 5 – 4 四种模型的结果比较（2）

综上所述，本文运用的 DSGE 模型（NEW1 模型和 NEW2 模型）既包含了反映信贷市场摩擦的金融加速器机制，又在一定程度上反映了劳动力市场的不完全性，能较好地模拟政策冲击的效应。

2. 货币政策模拟

我们运用 NEW1 模型和 NEW2 模型，分别模拟了价格型货币政策和数量型货币政策的效果。这里的价格型货币政策指以名义利率为操作手段的货币政策，数量型货币政策指以基础货币为操作手段的货币政策。本文分别模拟了提高利率和降低货币供应量增长率的政策效应，模拟结果如图 5 - 5 所示。

图 5 - 5 中左右两边分别是价格型和数量型货币政策对经济波动的影响。模拟结果显示，无论是价格型货币政策还是数量型货币政策都能起到紧缩经济的作用，但价格型货币政策和数量型货币政策对经济波动影响的强度和持续期限有显著差异。从政策效应的持续期限长短来看，无论是对实体经济的影响还是对各种价格的影响，价格型货币政策效应的持续期短，而数量型货币政策的持续期较长；从政策效应的强度来讲，价格型货币政策的效果则更为显著。图中显示 5 期之后价格型货币政策的影响就已经比较微弱；而数量型货币政策在 20 个月之后仍然有作用。另外，图 5 - 5 显示，数量型货币政策和价格型货币政策对经济的影响强度不在一个数量级上，价格型货币政策的效应要远大于数量型货币政策的效应。

这种效应有显著差异的经济解释是：提高利率和减少货币供应量对经济的作用机制不同，提高利率是通过提高生产成本直接抑制投资者的积极性来影响投资，而减少货币供应量是通过影响消费者的交易成本来影响投资，由于消费者的消费具有跨期平滑的特征，其波动性较小，而利率的提高直接影响到投资的多少，故而变动较为强烈。无论是投资还是消费都是总需求的一部分，需求的变动必然导致价格的

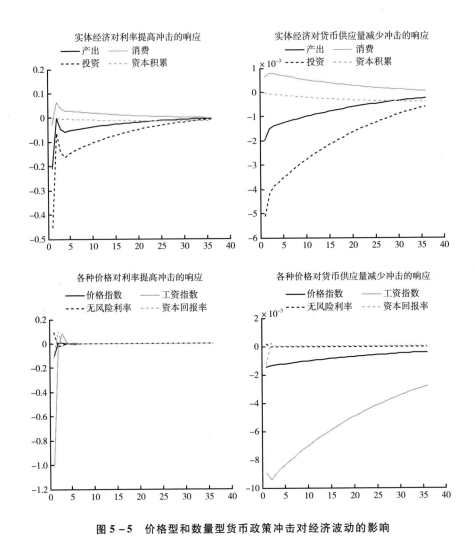

图 5 - 5 价格型和数量型货币政策冲击对经济波动的影响

联动，从而无论是从实体经济来看还是从价格变动来看，价格型货币
政策都会呈现持续期短而作用效果强的特点。货币政策效应的持续性
长会影响中央银行对现实经济中其他非货币政策冲击的判断，因此较
之于价格型货币政策，数量型货币政策效应的持续性会加大中央银行
政策制定的难度。

第六章 货币政策比较：基于麦克拉姆规则和相机抉择

对于货币政策而言，由于其制定和实施的时滞性的客观存在，旨在平抑经济波动的货币政策往往会加剧经济的波动，所以一些规定的规则被加诸货币政策的制定上，以期经济主体对经济有稳定的预期，进而减少由货币政策制定导致的经济波动。

但是随着网络的应用、信息的收集效率的提高，政策制定者对经济中波动源的预测预警能力将会得到显著提高，为基于麦克拉姆规则的货币政策可以被直接针对波动源的规则代替提供了可能。本节通过模拟基于麦克拉姆规则的货币政策和基于波动规则的货币政策，来比较分析两种政策的优劣，为货币政策的制定提供实证依据。本文定义的相机抉择指针对不同的波动源，制定相应的政策来平抑经济的波动。这种定义和前面文献中的相机抉择的不同之处在于：第一，政策针对的目标不同，以前所谓的相机抉择针对经济已经出现的衰退或过热现象，本文中政策针对的目标是实时监测波动源；第二，政策实施主体不同，以前所指的主体是财政政策，货币政策主要起辅助作用，这里的政策实施主体是货币政策制定当局，而与财政政策无关。

第一节　政策规则设定

财政政策的设定同第五章，但是假定财政政策和货币政策之间不存在相关关系，而对于冲击源而言，分别假定两种冲击源进行模拟分析：一个是暂时性技术冲击，一个是正向的流动性偏好。这样本节模拟比较两种冲击下，麦克拉姆规则和相机抉择规则的经济效应。

技术创新会导致产出增加，在存在价格黏性的前提下，产量的增加会增加收入，而收入的增加又提升了消费水平。消费水平的提高客观上要求预付现金的增加。当然消费水平和预付现金不是同比例增加的，一般来说两种情况限制预付现金需求的增加。一是现金的流通速度。如果现金流通速度增加，那么同样的交易量所需的现金就减少；同理消费增加的同时如果伴随现金流通速度的增加，势必导致现金需求的增加幅度小于消费水平的增加幅度。二是消费者使用转账的形式进行消费的比例。当消费水平提高时，一方面消费者使用现金需求增加，同时对使用转账形式进行支付的需求也增加。在本文中假定现金需求弹性和存款支付弹性不变。

流动性偏好增加以后，现金需求增加，一般而言，央行如果针对流动性需求的增加不采取任何措施，会导致流动性不足的风险，弗里德曼在解释大萧条的时候就认为，在大萧条初期，如果美联储能及时提供流动性，大萧条可能就不会产生那么严重的后果。

1. 基于麦克拉姆规则的货币政策

我们依然假定基础货币增长的演化路径为：

$$M_{t+1}^b = M_t^b e g_{t+1}^m$$

其中，g_{t+1}^m 为货币增长率（在居民账户中的 X_t 和 x_t 的关系为 $x_t = X_t / M_t^b$）。标准化为 $m_{t+1}^b = M_t^b / (P_t z_t)$，以上货币规则即：

$$\frac{M_{t+1}^b}{P_{t+1} z_{t+1}} = \frac{P_t z_t}{P_{t+1} z_{t+1}} \frac{M_t^b}{P_t z_t} e g_{t+1}^m$$

或者

$$m_{t+1}^b = \frac{1}{\pi_{t+1} \mu_{t+1}} m_t^b e g_{t+1}^m$$

假定货币供应量 $M_{t+1}/P_{t+1} = e^{g_{t+1}^m} M_t/P_t$，麦克拉姆规则暗含着：

$$g_{m,t} = \rho_m \cdot g_{m,t-1} + \rho_y y_t - \sigma_m \cdot \hat{\pi}_{t-1} + \varepsilon_t^m$$

该政策规则反映了货币政策延续性和央行稳定价格以及适应产出的目标。货币政策的延续性体现在货币增长率的一阶自回归系数上，而稳定价格目标体现在通货膨胀的系数上。当出现通货膨胀时，货币政策趋向于降低货币增长率；当出现通货紧缩时，货币增长率会相应提高。y_t 是产出缺口，也是产出相对于稳态的变动幅度，当产出增加时，现金需求也随之增加。

2. 相机抉择的货币政策规则——针对技术冲击

假定存在技术冲击和货币供应量 $M_{t+1}/P_{t+1} = e^{g_{t+1}^m} M_t/P_t$ 情况下，相机抉择规则意味着：

$$g_{m,t} = \rho_m \cdot g_{m,t-1} + \rho_y \varepsilon_t^f - \sigma_m \cdot \hat{\pi}_{t-1} + \varepsilon_t^m$$

该政策规则反映了货币政策延续性和央行稳定价格以及对扰动及时响应的货币政策目标。货币政策的延续性同样体现在货币增长率的一阶自回归系数上，而稳定价格目标体现在通货膨胀的系数上。当出现通货膨胀时，货币政策趋向于降低货币增长率；当出现通货紧缩时，货币增长率会相应提高。ε_t^f 是生产商的技术扰动，当出现正向扰动时，为了保证正常的流动性需求，政策制定当局倾向于放松银根；而出现负向扰动时，政策能向下调整流动性，应抵消经济中的流动性过剩现象。

对于技术冲击而言，本文假定其演化路径为：

$$\varepsilon_t^f = \rho_{\varepsilon f} \varepsilon_{t-1}^f + \omega_t^{\varepsilon f}$$

3. 相机抉择的货币政策规则——针对流动性偏好

假定存在流动性偏好冲击和货币供应量 $M_{t+1}/P_{t+1} = e^{g_{t+1}} M_t / P_t$ 情况下，相机抉择规则意味着：

$$g_{m,t} = \rho_m \cdot g_{m,t-1} + \rho_y \theta_t - \sigma_m \cdot \hat{\pi}_{t-1} + \varepsilon_t^m$$

θ_t 是消费者的流动性偏好冲击，当出现正向扰动时，为了保证正常的流动性需求，政策制定当局倾向于实施放松银根；而出现负向扰动时，政策能向下调整流动性，应抵消经济中的流动性过剩现象。其余和前文一致。

对于流动性偏好而言，本文假定其演化路径为：

$$\theta_t = \rho_\theta \theta_t + \omega_t^\theta$$

第二节　政策模拟——存在技术冲击下的政策比较

本节模拟只存在一种不确定因素、不同的货币政策规则下，经济体的运行状况会有怎样的不同。仿照第二节的做法，本节将经济的运行状况分为实体经济、价格体系和利率体系等三个方面，从这三个方面考察不同货币政策规则下，应对不确定性后经济的表现。

在相机抉择的货币政策规则下，产出会出现一个波峰，随后再成正弦震荡返回稳态水平；而在麦克拉姆规则下，产出表现得比较稳

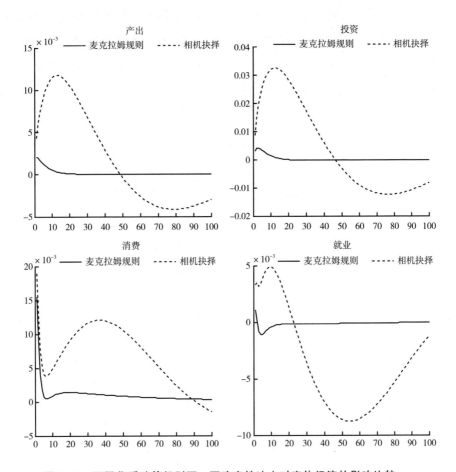

图 6 - 1　不同货币政策规则下，不确定性冲击对实体经济的影响比较

定：一个正的随机性技术冲击只是带来产出的短暂而幅度较小的增加。同样，图 6 - 1 右上角的投资演化路径表现出和产出一样的趋势。而对于消费而言，这种正的随机性冲击带来了一个正的增加值，随后不同的货币政策规则下表现有所不同：相机抉择的货币政策规则下，消费在随后的 40 个月内出现一个小高峰，而在麦克拉姆规则下，随着 5 个月之后经济就开始恢复到稳态水平。就业同产出的趋势除了在期初反应有些许不同之外，其他趋势基本一致。

但从实体经济来分析，对于谨慎的货币政策制定者来说，麦克拉姆规则相对于相机抉择的货币政策规则而言更能保持经济的稳定。但是谨慎的货币政策导致正的技术冲击的影响没有完全释放，不见得必然是一个提高经济效益的好政策。

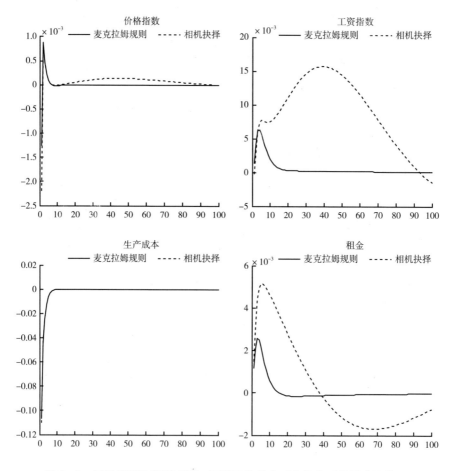

图 6-2 不同货币政策规则下，不确定性冲击对价格体系的影响比较

对于价格体系而言，我们首先分析工资指数，工资指数的分析应该结合图 6-1 右下角的就业率共同分析。由于技术冲击的影响，企业的产出增加，而由于工资黏性的存在，工资并不是立即上涨的，而是在4～5个月之后，工资开始上涨，但是产出渐渐恢复到以前的水平，同理由于工资黏性的存在，工资依然处在上涨状态，尤其是在相机抉择的背景下，这种工资黏性发挥得更加显著，过高的工资导致了就业率的降低，进而经济开始进入无不确定性的调整期。

正的技术冲击导致成本的降低，而不同货币政策下生产的边际成本变动是一致的。同样价格是边际成本的一个加成，从而价格指数表现出与生产的边际成本同样的趋势。

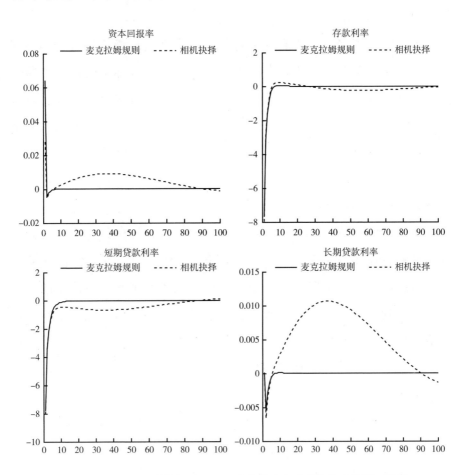

图6-3 不同货币政策规则下，不确定性冲击对利率体系的影响比较

正的技术冲击必然的一个结果是资本回报率的上升，资本回报率的上升最终会体现在长期贷款利率上，但是对于短期存贷款而言，正的技术冲击带来的只是一个短期影响。总体而言，在相机抉择的货币政策体系下，资本回报率和长期贷款利率表现出较为明显的正向反应。

第三节　政策模拟——存在流动偏好冲击下的政策比较

本部分模拟经济体中存在一种刺激，使消费者愿意持有更多的现金——这种现象类似于大萧条时期的现实。由于总体而言消费者愿意持有现金，导致经济中出现流动性不足的现象。针对这种情况，政策制定者是固守经典的麦克拉姆规则还是针对流动性需求的增加而实施相机抉择的措施？会导致经济有何不同？本部分旨在模拟这种现象。同之前的做法一样，本部分也将结果大致分成三个部分：实体经济、价格体系以及利率体系。

在常规的麦克拉姆规则下，一个正向的流动性偏好冲击对实体经济的影响总体而言是负向的。正如图 6-4 显示的，流动性偏好冲击会导致产出的小幅下降。由于市场规律的调整经济在大约两年的时间内会恢复到稳态水平，这种现象和大萧条期初有些微相似，不同的是大萧条期间还有其他限制制度存在，如金本位制。由于流动性趋紧投资也受到负面的冲击，而消费也是一样。就业的表现需结合图 6-5 工资指数的变动来进行分析。

而在相机抉择的货币政策下，产出在半年内即开始调整为正，由于流动性宽松的条件仍在持续，经济会出现一个小幅的繁荣阶段，这个阶段为 3~4 年的时间，然而之后经济会随着总需求的调整而进入萧条阶段，但是相对于常规的货币政策规则下那种大调整

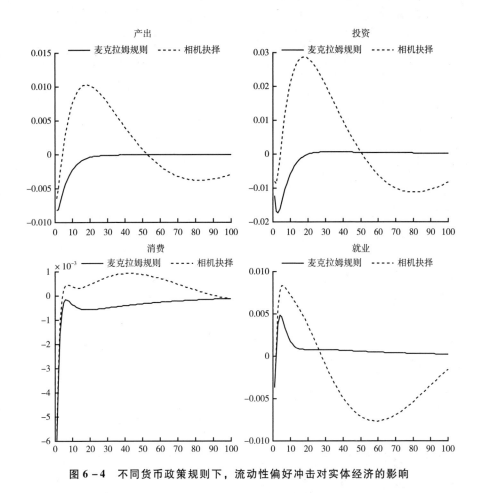

图 6 - 4　不同货币政策规则下，流动性偏好冲击对实体经济的影响

而言，这种调整要缓和得多。投资的趋势和产出的趋势基本一致。由于跨期替代的作用，消费除了在期初调整的幅度较大之外，相对平滑。

价格和边际成本变动趋势趋同，这是由于假定价格是由边际成本加成得到，在不存在价格加成冲击的情况下，两个变动应该一致。作为资产价格的主要指标租金出现，在常规的麦克拉姆规则下，其短期内呈现下降的趋势，这也在客观上抑制了投资者的积极性，进而投资下降幅度较大。而作为劳动力价格的工资指数也呈现下降的趋势，这

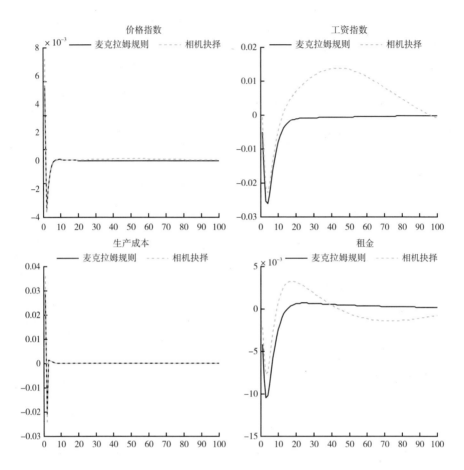

图 6 – 5 不同货币政策规则下，流动性偏好冲击对价格体系的影响

样劳动者不得不加倍劳动，以满足消费惯性的需要。同样在相机抉择的情况下，租金和工资价格指数在短暂的下降之后会出现正的变动，这对增强市场信心有着重要的作用。

正常情况下，流动性偏好冲击不会对资本回报率造成长期影响，但是短期内会通过降低市场信心来压低租金价格，进而影响资本回报率。而银行作为一个利润最大化的经营者，其会通过提高利率的办法来吸引储户的积极性，进而也推动了贷款利率的上涨。

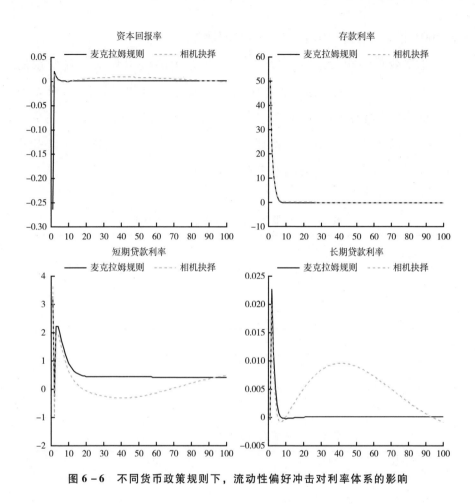

图6-6　不同货币政策规则下，流动性偏好冲击对利率体系的影响

第四节　模型的检验

　　本文试图通过实际数据和模拟数据的一阶矩和二阶矩的比较来检验模型的合理性，为以上模拟提供合意性的证据。代表一阶矩和二阶矩的两个统计变量是相关系数和方差。因此本文试图从两类数据的相关系数和方差中做比较。由于数据收集的局限性，本文只比较产出、消费、投资和通货膨胀等四个变量。数据取自中宏数据库，样本区间为 2001 年 1 月至 2010 年 12 月的月度数据。

主要变量的相关系数比较。表 6-1 显示的模拟数据主要变量的相关系数矩阵，显示价格和消费呈负相关关系而和投资成正相关关系；价格实际上和产出的相关度较小，和投资以及消费的相关关系也较弱，反映了价格偏中性的特征；产出和投资相关度最高，而消费的相关度也较高。这和一般的经济现实相符。

表 6-1　主要变量的相关系数 （模拟值）

变量	价格指数	投资	消费	产出
价格指数	1	0.1726	- 0.2822	0.057
投　资	0.1726	1	0.565	0.9707
消　费	- 0.2822	0.565	1	0.7466
产　出	0.057	0.9707	0.7466	1

表 6-2 中的数据是经过 HP 滤波调整过的数据主要变量的相关系数矩阵，真实值和模拟值基本保持一致。

表 6-2　主要变量的相关系数 （真实值）

变量	价格指数	投资	消费	产出
价格指数	1	0.0521	- 0.0298	0.0616
投　资	0.0521	1	0.523	0.657
消　费	- 0.0298	0.523	1	0.433
产　出	0.0616	0.657	0.433	1

相比较而言，模拟的结果中投资和消费与产出的相关性大于实际中的数据，相关系数的方向基本一致。

主要变量的方差模拟值和真实值的比较如下。从表 6-3 中可以看到，无论在何种情况之下，投资的波动程度都要大于产出的波动程度，产出的波动又要大于消费的波动，模拟值和实际值都和实际的经济规律不相冲突。

表 6 – 3　主要变量的方差模拟值和真实值的比较

变　　量	模拟值		实际值	
	方差	方差/产出的方差	方差	方差/产出的方差
产　　出	0.000273	1.000000	0.000627	1.000000
投　　资	0.001573	5.768482	0.016348	26.069970
消　　费	0.000045	0.164043	0.000230	0.367523
价格指数	0.000046	0.169472	0.000127	0.202779

第五节　小结

直接针对技术冲击的相机抉择货币政策和基于麦克拉姆规则的货币政策对经济的影响是不同的：基于波动源的相机抉择货币政策反应较快，而正向的技术冲击由于货币政策的支持使其作用更加显著，同时持续性加强，尤其是对产出和资本回报率而言。货币政策制定当局在制定货币政策的时候选择审慎的货币政策还是选择针对性的货币政策就需要政策当局的指导原则了。

在存在流动性偏好冲击的经济体中，货币政策制定当局，如果继续实施常规的麦克拉姆规则，会使经济经历一个比较沉重的萧条阶段。然而如果政策制定者采取相机抉择的货币政策，就会缓和这种萧条带来的阵痛。然而这种措施也是有代价的，其结果是经济长期处于波动中。

本章附录

模拟的相关系数

Variables	Pi	s	rk	i	uf	omega	Rk	n
Pi	1	0.9307	0.2587	0.1726	0.2587	0.6388	− 0.8293	0.4515
s	0.9307	1	0.0293	− 0.0315	0.0293	0.5101	− 0.8378	0.3376
rk	0.2587	0.0293	1	0.9769	1	0.6418	0.1288	0.5385
i	0.1726	− 0.0315	0.9769	1	0.9769	0.6492	0.2449	0.6307
uf	0.2587	0.0293	1	0.9769	1	0.6418	0.1288	0.5385
omega	0.6388	0.5101	0.6418	0.6492	0.6418	1	− 0.1001	0.7223
Rk	− 0.8293	− 0.8378	0.1288	0.2449	0.1288	− 0.1001	1	− 0.0604
n	0.4515	0.3376	0.5385	0.6307	0.5385	0.7223	− 0.0604	1
q	− 0.3788	− 0.4453	0.425	0.5308	0.425	0.4676	0.8298	0.3197
vl	0.226	0.0017	0.9774	0.988	0.9774	0.6336	0.1652	0.6712
vk	0.226	0.0017	0.9774	0.988	0.9774	0.6336	0.1652	0.6712
ev	− 0.4021	− 0.4663	0.4267	0.5375	0.4267	0.4465	0.8443	0.3212
mb	− 0.5322	− 0.4894	− 0.1139	0.0242	− 0.1139	0.1603	0.8073	0.1619
R	0.376	0.6047	− 0.7537	− 0.7896	− 0.7537	− 0.1442	− 0.5918	− 0.3116
uzc	0.3608	0.4202	− 0.3812	− 0.5378	− 0.3812	− 0.4145	− 0.7675	− 0.5804
lambdaz	0.3629	0.4242	− 0.3918	− 0.5458	− 0.3918	− 0.4218	− 0.7754	− 0.5692
mh	0.3637	0.4453	− 0.4966	− 0.603	− 0.4966	− 0.4842	− 0.8218	− 0.365
Rah	0.4117	0.4892	− 0.4617	− 0.5704	− 0.4617	− 0.438	− 0.8506	− 0.3296
ch	− 0.2822	− 0.3506	0.4097	0.565	0.4097	0.473	0.7084	0.6484
wh	0.2941	0.0664	0.9502	0.9504	0.9502	0.5795	0.0377	0.6932
lh	− 0.3977	− 0.208	− 0.64	− 0.6212	− 0.64	− 0.2696	0.3205	− 0.6478
kf	0.0412	0.002	0.148	0.2746	0.148	0.088	0.0094	0.7523
Re	− 0.6388	− 0.5101	− 0.6418	− 0.6492	− 0.6418	− 1	0.1001	− 0.7223
x	0.0839	− 0.0481	0.7727	0.8554	0.7727	0.3758	0.1592	0.6919
xb	− 0.5333	− 0.746	0.606	0.6413	0.606	− 0.0595	0.6484	0.1504
y	0.057	− 0.1274	0.9069	0.9707	0.9069	0.6611	0.4037	0.6973
g	0.057	− 0.1274	0.9069	0.9707	0.9069	0.6611	0.4037	0.6973
s_theta	0.3629	0.4448	− 0.4986	− 0.605	− 0.4986	− 0.4849	− 0.8212	− 0.3667
s_xp	0.0839	− 0.0481	0.7727	0.8554	0.7727	0.3758	0.1592	0.6919

Variables	q	vl	vk	ev	mb	R	uzc	lambdaz
Pi	− 0. 3788	0. 226	0. 226	− 0. 4021	− 0. 5322	0. 376	0. 3608	0. 3629
s	− 0. 4453	0. 0017	0. 0017	− 0. 4663	− 0. 4894	0. 6047	0. 4202	0. 4242
rk	0. 425	0. 9774	0. 9774	0. 4267	− 0. 1139	− 0. 7537	− 0. 3812	− 0. 3918
i	0. 5308	0. 988	0. 988	0. 5375	0. 0242	− 0. 7896	− 0. 5378	− 0. 5458
uf	0. 425	0. 9774	0. 9774	0. 4267	− 0. 1139	− 0. 7537	− 0. 3812	− 0. 3918
omega	0. 4676	0. 6336	0. 6336	0. 4465	0. 1603	− 0. 1442	− 0. 4145	− 0. 4218
Rk	0. 8298	0. 1652	0. 1652	0. 8443	0. 8073	− 0. 5918	− 0. 7675	− 0. 7754
n	0. 3197	0. 6712	0. 6712	0. 3212	0. 1619	− 0. 3116	− 0. 5804	− 0. 5692
q	1	0. 4479	0. 4479	0. 9991	0. 8327	− 0. 5524	− 0. 9006	− 0. 9121
vl	0. 4479	1	1	0. 454	− 0. 0424	− 0. 7898	− 0. 4923	− 0. 4977
vk	0. 4479	1	1	0. 454	− 0. 0424	− 0. 7898	− 0. 4923	− 0. 4977
ev	0. 9991	0. 454	0. 454	1	0. 8311	− 0. 5713	− 0. 9097	− 0. 9208
mb	0. 8327	− 0. 0424	− 0. 0424	0. 8311	1	− 0. 1914	− 0. 8198	− 0. 822
R	− 0. 5524	− 0. 7898	− 0. 7898	− 0. 5713	− 0. 1914	1	0. 5882	0. 5939
uzc	− 0. 9006	− 0. 4923	− 0. 4923	− 0. 9097	− 0. 8198	0. 5882	1	0. 9996
lambdaz	− 0. 9121	− 0. 4977	− 0. 4977	− 0. 9208	− 0. 822	0. 5939	0. 9996	1
mh	− 0. 9955	− 0. 5239	− 0. 5239	− 0. 9968	− 0. 7896	0. 6168	0. 9122	0. 9234
Rah	− 0. 9962	− 0. 4904	− 0. 4904	− 0. 9984	− 0. 8099	0. 6175	0. 913	0. 924
ch	0. 8794	0. 5263	0. 5263	0. 8874	0. 7893	− 0. 5741	− 0. 9961	− 0. 9947
wh	0. 2996	0. 9846	0. 9846	0. 3074	− 0. 1705	− 0. 7529	− 0. 3932	− 0. 3952
lh	0. 1949	− 0. 7219	− 0. 7219	0. 1826	0. 4714	0. 5005	0. 0607	0. 0498
kf	0. 0176	0. 3484	0. 3484	0. 0393	0. 0947	− 0. 2978	− 0. 4446	− 0. 4213
Re	− 0. 4676	− 0. 6336	− 0. 6336	− 0. 4465	− 0. 1603	0. 1442	0. 4145	0. 4218
x	0. 2886	0. 8597	0. 8597	0. 3125	− 0. 0904	− 0. 72	− 0. 4859	− 0. 4816
xb	0. 4917	0. 6429	0. 6429	0. 5138	0. 2067	− 0. 9765	− 0. 5283	− 0. 533
y	0. 684	0. 9498	0. 9498	0. 6917	0. 2492	− 0. 8037	− 0. 7236	− 0. 7296
g	0. 684	0. 9498	0. 9498	0. 6917	0. 2492	− 0. 8037	− 0. 7236	− 0. 7296
s_theta	− 0. 9952	− 0. 526	− 0. 526	− 0. 9966	− 0. 7883	0. 6184	0. 9126	0. 9237
s_xp	0. 2886	0. 8597	0. 8597	0. 3125	− 0. 0904	− 0. 72	− 0. 4859	− 0. 4816

Variables	mh	Rah	ch	wh	lh	kf	Re	x
Pi	0.3637	0.4117	−0.2822	0.2941	−0.3977	0.0412	−0.6388	0.0839
s	0.4453	0.4892	−0.3506	0.0664	−0.208	0.002	−0.5101	−0.0481
rk	−0.4966	−0.4617	0.4097	0.9502	−0.64	0.148	−0.6418	0.7727
i	−0.603	−0.5704	0.565	0.9504	−0.6212	0.2746	−0.6492	0.8554
uf	−0.4966	−0.4617	0.4097	0.9502	−0.64	0.148	−0.6418	0.7727
omega	−0.4842	−0.438	0.473	0.5795	−0.2696	0.088	−1	0.3758
Rk	−0.8218	−0.8506	0.7084	0.0377	0.3205	0.0094	0.1001	0.1592
n	−0.365	−0.3296	0.6484	0.6932	−0.6478	0.7523	−0.7223	0.6919
q	−0.9955	−0.9962	0.8794	0.2996	0.1949	0.0176	−0.4676	0.2886
vl	−0.5239	−0.4904	0.5263	0.9846	−0.7219	0.3484	−0.6336	0.8597
vk	−0.5239	−0.4904	0.5263	0.9846	−0.7219	0.3484	−0.6336	0.8597
ev	−0.9968	−0.9984	0.8874	0.3074	0.1826	0.0393	−0.4465	0.3125
mb	−0.7896	−0.8099	0.7893	−0.1705	0.4714	0.0947	−0.1603	−0.0904
R	0.6168	0.6175	−0.5741	−0.7529	0.5005	−0.2978	0.1442	−0.72
uzc	0.9122	0.913	−0.9961	−0.3932	0.0607	−0.4446	0.4145	−0.4859
lambdaz	0.9234	0.924	−0.9947	−0.3952	0.0498	−0.4213	0.4218	−0.4816
mh	1	0.9985	−0.8938	−0.382	−0.1112	−0.0651	0.4842	−0.3749
Rah	0.9985	1	−0.8906	−0.3472	−0.14	−0.0585	0.438	−0.3498
ch	−0.8938	−0.8906	1	0.4347	−0.116	0.487	−0.473	0.5168
wh	−0.382	−0.3472	0.4347	1	−0.8304	0.4309	−0.5795	0.8779
lh	−0.1112	−0.14	−0.116	−0.8304	1	−0.6633	0.2696	−0.7562
kf	−0.0651	−0.0585	0.487	0.4309	−0.6633	1	−0.088	0.6213
Re	0.4842	0.438	−0.473	−0.5795	0.2696	−0.088	1	−0.3758
x	−0.3749	−0.3498	0.5168	0.8779	−0.7562	0.6213	−0.3758	1
xb	−0.5486	−0.5607	0.5	0.6101	−0.4075	0.2608	0.0595	0.6102
y	−0.7463	−0.7191	0.7466	0.8928	−0.5346	0.3631	−0.6611	0.8401
g	−0.7463	−0.7191	0.7466	0.8928	−0.5346	0.3631	−0.6611	0.8401
s_theta	1	0.9984	−0.8943	−0.3844	−0.1088	−0.0667	0.4849	−0.3775
s_xp	−0.3749	−0.3498	0.5168	0.8779	−0.7562	0.6213	−0.3758	1

Variables	xb	y	g	s_theta	s_xp
Pi	− 0. 5333	0. 057	0. 057	0. 3629	0. 0839
s	− 0. 746	− 0. 1274	− 0. 1274	0. 4448	− 0. 0481
rk	0. 606	0. 9069	0. 9069	− 0. 4986	0. 7727
i	0. 6413	0. 9707	0. 9707	− 0. 605	0. 8554
uf	0. 606	0. 9069	0. 9069	− 0. 4986	0. 7727
omega	− 0. 0595	0. 6611	0. 6611	− 0. 4849	0. 3758
Rk	0. 6484	0. 4037	0. 4037	− 0. 8212	0. 1592
n	0. 1504	0. 6973	0. 6973	− 0. 3667	0. 6919
q	0. 4917	0. 684	0. 684	− 0. 9952	0. 2886
vl	0. 6429	0. 9498	0. 9498	− 0. 526	0. 8597
vk	0. 6429	0. 9498	0. 9498	− 0. 526	0. 8597
ev	0. 5138	0. 6917	0. 6917	− 0. 9966	0. 3125
mb	0. 2067	0. 2492	0. 2492	− 0. 7883	− 0. 0904
R	− 0. 9765	− 0. 8037	− 0. 8037	0. 6184	− 0. 72
uzc	− 0. 5283	− 0. 7236	− 0. 7236	0. 9126	− 0. 4859
lambdaz	− 0. 533	− 0. 7296	− 0. 7296	0. 9237	− 0. 4816
mh	− 0. 5486	− 0. 7463	− 0. 7463	1	− 0. 3749
Rah	− 0. 5607	− 0. 7191	− 0. 7191	0. 9984	− 0. 3498
ch	0. 5	0. 7466	0. 7466	− 0. 8943	0. 5168
wh	0. 6101	0. 8928	0. 8928	− 0. 3844	0. 8779
lh	− 0. 4075	− 0. 5346	− 0. 5346	− 0. 1088	− 0. 7562
kf	0. 2608	0. 3631	0. 3631	− 0. 0667	0. 6213
Re	0. 0595	− 0. 6611	− 0. 6611	0. 4849	− 0. 3758
x	0. 6102	0. 8401	0. 8401	− 0. 3775	1
xb	1	0. 6626	0. 6626	− 0. 5498	0. 6102
y	0. 6626	1	1	− 0. 7481	0. 8401
g	0. 6626	1	1	− 0. 7481	0. 8401
s_theta	− 0. 5498	− 0. 7481	− 0. 7481	1	− 0. 3775
s_xp	0. 6102	0. 8401	0. 8401	− 0. 3775	1

第七章　中国财政货币政策及其
协同效应模拟

本章使用第二章的模型模拟财政货币政策及协同效应，比较单位财政政策、单位货币政策和单位财政货币协同政策对经济的不同效应，发现单独的货币政策对经济的影响深远，因此慎用货币政策，尤其是以基础货币调节为操作对象的货币政策。当经济处在潜在产出之下时，财政政策主导型的积极政策会是一项较为合意的选择。

第一节　政策规则设定

1. 财政政策

假定政府支出是外生变量，作为政府的财政政策手段进入经济体，其增长率服从 AR（1）过程，即：

$$G_t = e^{g_t} G_{t-1}$$

$$\hat{g}_t = \rho_g \hat{g}_{t-1} + \varepsilon_t^g$$

2. 货币政策

中国的利率尚没有实现市场化，货币政策是以控制基础货币的投放为主要操作对象的。中国尚不完全具备利用利率规则对经济进行有效调节的条件，Liu 和 Zhang（2007）认为当前利率难以作为中国货币政策规则，是由于其一，中国的金融市场不发达，间接融资市场占主导地位，而且间接融资市场主要被国有银行垄断；其二，中国货币市场分割严重，三个主要货币市场即债券市场、债券回购市场和拆借市场都受到严格的管制，由于存贷款利率受管制，货币市场利率对其他市场如信贷市场的利率影响非常有限。

假定基础货币增长的演化路径为：

$$M_{t+1}^{b} = M_{t}^{b} e g_{t+1}^{m}$$

其中，g_{t+1}^{m} 为货币增长率（在居民账户中的 X_t 和 x_t 的关系为 $x_t = X_t / M_t^b$）。标准化为 $m_{t+1}^{b} = M_t^b / (P_t z_t)$，以上货币规则即：

$$\frac{M_{t+1}^{b}}{P_{t+1} z_{t+1}} = \frac{P_t z_t}{P_{t+1} z_{t+1}} \frac{M_t^b}{P_t z_t} e g_{t+1}^{m}$$

或者

$$m_{t+1}^{b} = \frac{1}{\pi_{t+1} \mu_{t+1}} m_t^b e g_{t+1}^{m}$$

对于数量型货币政策而言，假定货币供应量 $M_{t+1}/P_{t+1} = e g_{t+1}^{m} M_t / P_t$，其规则由下式决定：

$$g_{m,t} = \rho_m \cdot g_{m,t-1} - \sigma_m \cdot \hat{\pi}_{t-1} + \varepsilon_t^m$$

该政策规则反映了货币政策延续性和央行稳定价格的目标。货币政策的延续性体现在货币增长率的一阶自回归系数上，而稳定价格目标体现在通货膨胀的系数上。当出现通货膨胀时，货币政策趋向于降低货币增长率；当出现通货紧缩时，货币增长率会相应提高。

本文的另外一个假定是财政政策和货币政策的波动之间存在相关性。运用中国 1990 ~ 2010 年的财政支出和各种货币供应量指标[1]的波动进行相关性检验，检验结果如表 7 - 1 所示。

表 7 - 1　财政政策与货币政策波动性的相关系数

变量	政府支出	M_0 增量	M_1 增量	M_2 增量
政府支出	1.00	0.47	0.53	0.73
M_0 增量	0.47	1.00	0.18	0.16
M_1 增量	0.53	0.18	1.00	0.83
M_2 增量	0.73	0.16	0.83	1.00

从以上结果看出，政府支出增长率的波动与三个不同统计口径货币供给增长率的波动之间存在正的相关性，数据上支持中国财政政策和货币政策之间存在着一致行动的假设。本文假定货币政策波动 ε_t^m 与财政政策波动 ε_t^g 之间存在相关性，借此研究两者的协同效应。

第二节　参数赋值与校准

本文的一些参数借鉴了李雪松和王秀丽（2011）中的参数，另外一些是基于中国现实数据估计得来，具体的结构参数最终赋值见表 7 - 2。

根据以上结构参数，依据稳态水平[2]对其他参数进行校准，校准后得到的参数称为稳态参数，以区别于以上的结构参数，校准所得的稳态参数赋值见表 7 - 3。

---

① 数据来源：CCER 数据库。
② 稳态水平的求解可参见全冰（2010）。

表 7-2　结构参数赋值

序号	符号	符号含义	最终赋值
1	τ^l	劳动所得税率	0.05
2	τ^c	消费税率	0.05
3	β	家庭主观折现率	0.9975
4	$F(\bar{\omega})$	月内破产的企业家比例	0.0033
5	μ	破产时所耗费的损失比	0.21
6	χ	央行控制的货币增长率	0.01
7	μ_z	人均真实 GDP 增长率	1.008
8	λ_f	出厂商品的稳态加成	1.2
9	λ_ω	劳动力的稳态加成	1.05
10	α	资本的产出弹性	0.4
11	ψ_k	需融资的资本租赁成本的比例	1.0
12	ψ_l	需融资的劳动成本的比例	1.0
13	δ	资本折旧率	0.006
14	υ	货币效用的权重	0.005
15	τ^k	资本所得税率	0.1
16	γ	企业家的存活比例	0.983
17	τ	法定存款准备金率	0.13
18	τ^T	定期存款利息所得税	0.1
19	τ^D	利息所得税	0.1
20	σ_L	劳动带来的负效用的曲率	1.0
21	ζ	劳动效用的权重	1.0
22	σ_q	货币效用的曲率	0.5
23	θ	现金效用指数	0.8
24	b	消费者消费习惯参数	0.1
25	ω^e	企业家工资	0.15
26	υ^l	非银行劳动力占总劳动力的比例	0.98
27	m	现金余额占基础货币的比例	0.3
28	υ^k	非银行的资本占总资本的比例	0.98
29	η_g	政府支出的产出比	0.25
30	γ^k	资本的租金	0.02

表 7 - 3   稳态参数赋值

序号	符号	符号含义	稳态赋值
1	q	稳态的托宾 q	1.000
2	π	稳态的通货膨胀率	1.002
3	R^e	稳态下定期存款的利息	0.014
4	R_a	稳态下居民存款利息	0.012
5	h_{e^r}	超额准备金的边际产出	2.505
6	R	短期的贷款利息	0.014
7	R^k	稳态的资本回报率	0.015
8	$\overline{\omega}$	稳态下企业家盈利的临界值	0.037
9	k	稳态的固定资产使用量	12.450
10	N	稳态下企业家的净资产	11.991
11	I	稳态的投资水平	0.173
12	w	稳态的居民工资	3.188
13	l	稳态的劳动力数量	0.116
14	c	稳态的消费水平	0.287
15	u_c^z	稳态下消费的边际效用	3.483
16	m^b	稳态下央行发行的货币	0.447
17	λ_z	稳态的增长率	3.295
18	ψ_L	劳动带来的负效用	81.761
19	e_z^r	去势后的超额准备	0.188
20	e_v	准备金与增加值的比率	12.522
21	$a^b x^b$	银行的生产技术	17.025
22	ζ	银行生产函数中资本与劳动的联合产出弹性	0.491
23	h_{K^b}	银行资本的边际产出	0.736
24	y	稳态的 GDP	0.613
25	g	稳态的政府支出	0.153
26	σ	破产企业家分布函数的标准差	1.022
27	ϕ	生产商的固定成本	0.123

第三节　中国财政货币政策及其协同效应模拟

本节设定的三种政策情景：第一，财政政策主导型，即假定财政政策与货币政策存在相关性，财政政策在实施过程中起主导作用，货币政策起辅助作用；第二，单独的财政政策，即假定财政政策与货币政策不存在相关性，单独实施财政政策；第三，单独的货币政策，即假定财政政策与货币政策不存在相关性，单独实施货币政策。

1. 敏感性分析

财政政策和货币政策的相关系数是介于 0 到 1 之间的数值，具体数值与一个国家的政治制度和货币制度有关。我们首先对相关系数进行敏感性分析，以检验相关系数的变动对经济波动效应的稳定性。本文将相关系数分别设定为 0.2、0.4、0.6 和 0.8，比较不同情况下产出波动的结果。

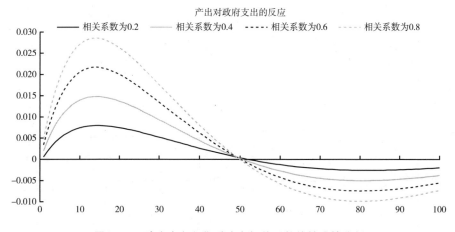

图 7 - 1　财政冲击和货币冲击相关系数的敏感性分析

从图 7 - 1 中可以看出，随着相关系数从 0.2 增加到 0.8，政府支出冲击效应的幅度也不断增加，但变动的趋势没有发生质的变化。相关系数的变化主要影响产出波动幅度，并不影响产出波动的方向。

从图 7 - 1 还可以看出，在正常发展情况下，中央银行的独立性越强，财政政策冲击对经济波动的影响就越小，经济体就越容易恢复到稳态水平；中央银行的独立性越弱，财政政策冲击对经济波动的影响就越大，经济体恢复到稳态就需要付出更大的代价。但当经济体处于紧缩状态且不存在其他经济问题时，中央银行的独立性越弱，旨在刺激经济复苏的财政政策会更加有利于经济体快速走出危机。

2. 三种情景模拟结果比较分析

本文从不同情景对实体经济、价格体系和利率体系等三个方面的影响进行比较分析。图 7 - 2 表示三种政策对实体经济的影响，代表实体经济的指标主要有产出、消费、投资和就业；图 7 - 3 表示三种政策对价格体系的影响，这里的价格体系为广义价格体系，包括价格指数、工资指数、生产价格指数（生产的成本加成，工资和租金的

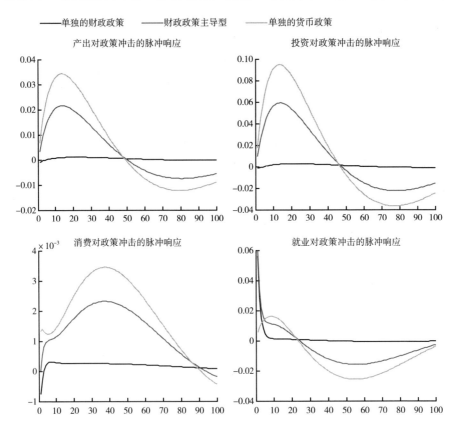

图 7 - 2 不同政策冲击情景对实体经济波动的响应

加成成本）以及资本的租金（作为资产价格指数）。图 7 - 4 表示三种政策对利率体系的影响，这也是一个广义的概念，包括居民存款利率、短期贷款利率、长期贷款利率和资本回报率（作为企业家的利润率）。

总体上来看，相对于单独的财政政策和财政政策主导型而言，单独的货币政策对经济的影响幅度大且持续性强。这意味着，对于一个成熟的经济体而言，稳定的货币政策是经济平稳运行的保证。

当经济产出小于潜在产出时，尽管货币政策效果显著，但是由于其效应的持续期长，当财政政策尚有实施余地时，实施扩张性货币政策不是将经济拉出萧条的最佳手段。单独的财政政策效应尽管持续期

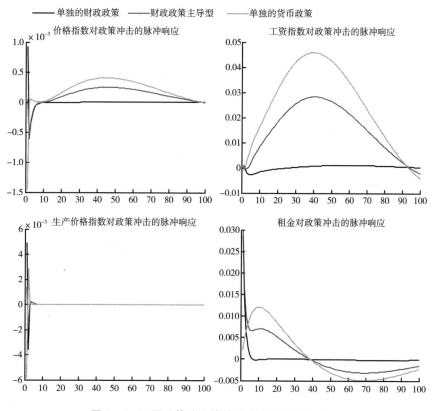

图 7 - 3　不同政策冲击情景对价格波动的响应

较短，对经济的刺激也较为温和。而有货币政策配合的财政政策主导型的政策效应要大于单独的财政政策。

图 7 - 3 表明，单独的货币政策冲击对价格体系影响的幅度较大且持续期较长，单独的财政政策冲击对价格体系影响的持续期较短，而财政政策主导型冲击的效应介于前两者之间。

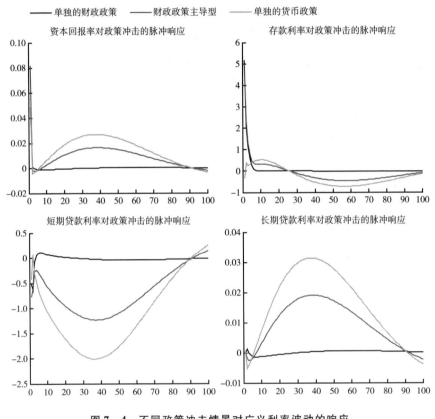

图 7 - 4　不同政策冲击情景对广义利率波动的响应

图 7 - 4 表明，资本回报率会直接影响厂商的决策，影响劳动需求和资本需求，从而影响总供给。另外，资本回报率的变动对长期贷款也有深远的影响，一般而言，长期贷款利率的变动是市场预期的体现。而资本回报率对市场预期起着决定性的作用。分析比较资本回报

率和长期贷款利率的变动可以看出，短期内两者相关性不大，但是长期内两者变动趋于一致。而三种政策情景在影响资本回报率上表现不同，尽管单独的扩张性的货币政策在中长期内对资本回报率有提高的作用，但是长期内却存在反转的可能。

第四节　小结

本节以 CMR 模型为分析框架，分析了三种政策类型的政策效果，从以上的模拟结果和对现实的考察来看，主要得到以下结论。

利率自由化是今后改革的复杂而又艰巨的任务，市场价格在经济中发挥了重要的作用。既然利率尚未完全市场化，财政政策主导型或许更符合社会主义初级阶段的市场经济发展。敏感性分析的结果显示财政政策和货币政策的相关系数不会使政策实施效果有质的改变，但是会影响其幅度。独立的中央银行是正常经济体保持稳定的一个条件；但是对处在变动中的经济体，尤其对尚未达到潜在生产力的经济体来讲，中央银行的独立性不见得是必要的。从三种政策比较来讲，单独的货币政策对经济的影响深远，因此慎用货币政策，尤其是以基础货币调节为操作对象的货币政策。当经济处在潜在产出之下时，财政政策主导型的积极政策会是一项较为合意的选择。

第八章　主要结论和政策建议

　　本研究从文献梳理、理想模型的构建和货币政策模拟以及中国货币政策现实和货币政策实施环境等三个角度考察了中国货币政策的现实是怎样的，以及货币政策今后应当怎样的问题。对于货币政策这样一个大的课题，本研究没有试图全面地解析，只抓住四个议题：一是货币政策的独立性；二是货币政策的中介目标的选择；三是基于规则和基于相机抉择的货币政策孰优孰劣；四是财政政策和货币政策协同问题。全书内容都围绕以上议题展开，本章对全书做了简要的概括和总结，并提出需要进一步研究的问题。

　　本章安排如下：第一节总结本书的主要结论，认为当前货币政策面临的主要背景是中国的货币环境面临从一个角点解到另一个角点解的过渡，这个过程中货币政策工具选择、货币政策操作原则以及与财政政策的协调都面临调整；第二节提出相应的政策建议，认为随着中国对内改革和对外开放的深化，中国货币政策实施环境不断变化，未来中国政府当确定货币政策改革目标、明确改革方向；且需要把握好改革的节奏和力度，毕竟中国的货币政策传导机制有待疏通，当前的任务是对外继续深化外汇管理体制改革，逐步取消强制性外汇结售汇制度，进一步放松资本管制；对内则需理顺、明确货币政策实施原则，尝试价格型货币政策工具，加强财政货币政策协调以及完善金融体系疏通货币政策传导机制。第三节汇总了本研究的创新点和有待进一步研究的问题。

第一节　主要结论

"三元冲突"理论认为独立的货币政策、固定汇率制和资本项目可兑换三者不能共存。改革开放之初，中国政府选择了独立的货币政策和固定汇率制，放弃了资本项目可兑换，实行资本控制，在这套政策组合下，中国获得了稳定的外部环境以及按自己的发展节奏制定货币政策的自由。然而，40多年过去了，国内外经济形势已经发生了重大的变化，这个政策组合已经不能适应当前国际国内经济的发展。一方面，中国已经由改革开放前的经济小国变成了经济大国，进出口贸易总额全球第一，国内生产总值全球第二，固定汇率制度下被盯住货币的国家易受盯住国家货币升值或贬值的影响，进而影响该国贸易竞争力，从而引发被盯住国的不满，导致贸易摩擦频发，不利于世界和平。另一方面，资本项目可自由兑换也是中国改革开放的应有之义。改革开放以来，中国资本控制程度已经大大降低，国内外投融资者已经有越来越多的渠道进出中国资本市场，中国已经走在了从资本控制向资本项目可兑换转变的路上。

在此背景下，本文首先探讨了资本项目处在由管制到完全自由兑换这种过渡状态，对货币政策独立性造成的影响，以及在理想状态下货币政策操作目标及操作工具的选择和财政货币政策的配合。通过文献梳理、中国货币政策史的考察以及实证模拟，本研究得到以下结论。

1. 央行制度上独立性较高，但是实际独立性不强

自改革开放以来，尤其是《中国人民银行法》颁布以来，无论是在制度安排上还是在机构设置上，中国人民银行的独立性地位进一步得到确立（见附录2）。但是在实施过程中，中国人民银行出现了所谓发展中国家所特有的非独立性特征：通货膨胀依然较高，利率依然受到管制。深入分析这种现象发现，有几个独特的制度值得探讨：固定汇率制度、外汇结售汇制度以及储备存款付息制度。这三种制度导致中国人民银行发行货币处在被动地位和作为货币政策工具之一的存款准备金率的失效，从而造成中国人民银行的独立性地位相对较弱。

在这种外汇管理制度下，中国货币政策的独立性不仅受自由度越来越高的国际贸易资本项目的影响，而且客观上受国际贸易账户经常项目的影响。本研究使用 DSGE 模型模拟外汇结售汇制度下经常项目变动的经济效应，结果发现：贸易顺差时，外汇结售汇制度导致外汇占款增加，中国人民银行被迫发行货币，而为了对冲流动性过剩的状况，需要进一步实施反向货币操作，进而加剧经济波动。而延续的顺差势必导致中央银行对冲操作乏力，操作空间越来越小。而贸易逆差时，中国人民银行不得不考虑通货紧缩导致的经济衰退。无论是顺差还是逆差，外汇结售汇制度下货币政策倾向于加剧经济波动，而这种影响能持续影响经济体三年之久。随着整个经济体杠杆率的提高，货币政策的刺激作用越来越微弱，而其黏滞性越来越强，对经济的影响持续时间越来越长。

当然，中央银行相对较弱的独立性地位与货币市场、资本市场的等金融体系发展程度较低也密切相关，甚至可以说发达的金融结构决定了中央银行政策事实的有效性。过去我国的货币市场处于一种相对落后的状态——利率市场化程度不高，市场参与人不成熟，等等，然而从历史和发展的角度讲，我国的利率体系正稳步走向市场化，尤其是上海银行间同业拆放利率的上线标志着中央银行利率市场化迈向新台阶。另外，考虑到中国金融结构是银行主导型的事实，银行在货币政策传导过程中一直发挥着举足轻重的作用。银行业改革也成为中国货币政策体系改革的重要方面。

2. 数量型和价格型货币政策工具各有优劣

在讨论数量型和价格型货币政策工具的选择时，需要在现实的条件下进行。长期以来，中国不存在价格型货币政策工具发挥效力的条件：银行主导型金融市场体系下存贷款利率受管制，不同的货币市场存在不同的市场利率，缺乏明确可行的市场化利率作为基准利率；利率传导机制不顺畅，利率调整的结果往往与政策意图不一致。这样的现实导致尽管数量型货币政策工具饱受与经济发展相关性日渐削弱的质疑，依旧为货币政策制定当局所使用，并不断根据形势变化从信贷规模控制调整为货币供应量监测，一直到如今的全社会融资规模调整。然而，随着人民币国际化进程加速，数量型货币政策工具认定标准越来越难，与经济发展的相关性越来越小，也越来越难承担货币政策调控经济的功能。那么是不是价格型货币政策工具一定优于数量型货币政策工具？本研究在此前提下，使用 DSGE 模型模拟理想状态下价格型和数量型货币政策工具的经济效应。模拟结果表明，价格型货币政策工具和数量型货币政策工具对经济波动影响的强度和持续期限存在显著差异，价格型货币政策工具的效应较强但持续期较短，而数量型货币政策效应工具较为温和但影响相对持久，央行需注重价格型货币政策工具与数量型货币政策工具的合理搭配与使用。结合当前利率尚未完全市场化的实际情况，数量型货币政策工具的效应较大但持续期长，因此需要审慎使用。

3. 基于规则的货币政策会平滑经济波动

货币政策当局除了选择货币政策工具外，面临的另外一个挑战是，面对经济冲击采用什么样的原则采取行动。本研究选择两种代表性冲击：供给侧的技术进步冲击和需求侧的流动性偏好冲击。技术进步会带来人类福利的整体改善，而且是不断发生的大概率事件，然而，技术进步的过程也往往伴随着泡沫的产生以及泡沫破裂后的萧条，这意味着经济将会在以潜在增长率增长的同时，面临较大的波动，如何面对这种波动无疑是货币政策制定当局的一个重要任务。另外，流动性偏好冲击也是重要的货币现象，也许有原因也许无原因，经济体对流动性的偏好改变了，比如流动性偏好增加。流动性的偏好增加使现金需求增加。一般而言，央行如果针对流动性需求的增加不采取任何措施，会导致流动性不足，弗里德曼在解释大萧条的时候就认为，在大萧条初期，如果美联储能及时提供流动性，大萧条可能就不会产生那么严重的后果。

本研究使用 DSGE 模型模拟了两种冲击——技术进步冲击和流动性偏好冲击下，相机抉择的货币政策和基于麦克拉姆规则的货币政策的经济效应。技术进步冲击下，直接针对技术冲击的相机抉择货币政策和基于麦克拉姆规则的货币政策对经济的影响是不同的：基于波动源的相机抉择货币政策下，货币政策反应较快，而正向的技术冲击由于货币政策的支持使其作用更加显著同时持续性加强，尤其是对产出和资本回报率而言。货币政策制定当局在制定货币政策的时候，选择审慎的货币政策还是针对性的货币政策就需要参照政策当局的指导原则了。在存在流动性偏好冲击的经济体中，货币政策制定当局，如果继续实施常规的麦克拉姆规则，会使经济承受一个比较沉重的萧条阶段。然而，如果政策制定者采取相机抉择的货币政策，会缓和这种萧条带来的阵痛，但这种措施的代价是经济将长期处于波动中。

4. 货币政策与财政政策的合理搭配，有助于发挥货币政策稳定经济的作用

在存在流动性偏好冲击的情况下，单独的货币政策可以发挥稳定经济的作用，但是，诸如当经济进入流动性陷阱时，即无论增加多少货币，消费和投资都处在低位，几乎不受影响的时候，财政政策就有了发挥的空间。现实中经济体处于流动性偏好冲击和流动性陷阱两个极端的中间地带，就需要财政政策和货币政策的配合。另外，随着数量型货币政策工具日渐式微，而价格型货币政策工具尚未就位，财政政策和货币政策的配合显得尤为必要。

本研究设定三种政策组合，并使用 DSGE 模型模拟三种政策组合的实施效果。三种政策组合分别是：①财政政策主导型，即假定财政政策与货币政策存在相关性，财政政策在实施过程中起主导作用，货币政策起辅助作用；②单独的财政政策，即假定财政政策与货币政策不存在相关性，单独实施财政政策；③单独的货币政策，即假定财政政策与货币政策不存在相关性，单独实施货币政策。

敏感性分析的结果显示，财政政策和货币政策的相关系数对政策实施效果不会有质的改变，但是会影响其幅度。独立的中央银行是正常经济体保持稳定的条件；但是处在变动中的经济体，尤其是对尚未达到潜在生产力的经济体来讲，中央银行的独立性不见得是必要的。从三种政策比较来讲，单独的货币政策对经济的影响深远，因此慎用货币政策，尤其是以基础货币调节为操作对象的货币政策。当经济处在潜在产出之下时，财政政策主导型的积极政策会是一项较为合意的选择。

第二节　政策建议

随着中国对内改革和对外开放的深化，中国货币政策实施环境不断变化，未来中国政府应当确定货币政策改革目标，明确改革方向；且需要把握好改革的节奏和力度，毕竟中国的货币政策传导机制有待疏通，当前的任务是对外继续深化外汇管理体制改革，逐步取消强制性外汇结售汇制度，进一步放松资本管制；对内则需理顺、明确货币政策实施原则，尝试价格型货币政策工具，加强财政、货币政策协调以及完善金融体系疏通货币政策传导机制。

1. 确定改革目标，明确改革方向

"三元冲突"理论限定了一个国家需要在独立的货币政策、固定汇率制度和资本项目自由兑换三个合意的制度中选择其二。中国货币政策面临最现实的问题就是中国正从"三元冲突"的一个角点解向另一个角点解转型，即从独立的货币政策、固定汇率制度和资本管制向独立的货币政策、浮动汇率制度和资本项目自由兑换转型。当前中国货币政策环境显现出转轨过程中的特征：不独立的货币政策、浮动管理的汇率制度和资本项目不完全自由兑换。

面对处于转轨过程的现实，政策制定当局首先要明确目标：最终目标是选择独立的货币政策、浮动汇率制度和资本项目自由兑换这个角点解。作为一个在世界上 GDP 排名第二、国际贸易排名第一的经济大国，保持货币政策的独立性能为国内复杂的环境创造良好的流动性条件，因此独立的货币政策是首选；而在资本项目自由兑换和固定汇率制度二者择其一的限制下，我们需要放弃曾经使用的固定汇率制度和资本管制组合，因为资本管制已经难以为继。

尽管明确了最终目标，但是不易操之过急，中国的货币政策传导机制有待疏通，而这将是一件长期而艰巨的任务，需要把握好改革的节奏和力度。这种条件下，当前的任务是对外深化外汇管理体制改革，取消强制性外汇结售汇制度，进一步放松资本管制；对内则需理顺、明确货币政策实施原则，尝试价格型货币政策工具，加强财政货币政策协调以及完善金融体系疏通货币政策传导机制。

2. 对外深化外汇管理体制改革，进一步降低资本管制的程度

外汇结售汇制度的实质是货币制度选择问题，中国当初选择盯住美元的固定汇率制度①大致由两种情况决定：一是中国缺乏名义锚，盯住美元有助于提升货币发行的信用；二是在国际舞台上中国是经济小国，盯住美元或者任何一种国际货币对主权货币发行国的影响微乎其微，贸易摩擦较少。随着中国成为第一贸易大国，盯住美元的汇率制度将对美国以及世界贸易产生深远影响，贸易摩擦和冲突增多，进而维系固定汇率制度的成本愈来愈高。进一步改革外汇结售汇制度，完善货币政策形成制度是未来货币制度的改革方向。

首先，取消强制性外汇结售汇。对于企业而言，外汇结售汇制度的存在增加交易成本；外汇兑换存在价差，拥有外汇兑换业务的商业银行可以以此业务赚取差价；取消外汇结售汇制度，将节省外贸企业汇兑成本，有利于国内外汇交易市场的培育和发展；对于中央银行而言，外汇结售汇制度环境下，货币政策被动应对的空间越来越有限；而对整个金融市场建设而言，外汇结售汇制度增加制度成本、催生外汇套利交易，进而阻碍利率市场化的进一步推进。进一步放松外汇结售汇制度至完全放开，使外汇的占有和使用成为个体行为人主动选择的结果。

其次，大力推进资本项目对内开放。当国内居民海外投资渠道阻塞时，持有外汇的机会成本较高，转化成人民币的动机强烈，大力发展资本项目对内开放，有利于培育国内外汇理财市场的发展，培育国内机构和个人的全球市场外汇理财意识，也有利于外汇结售汇制度改革的推进。资本项目如果完全控制或者部分控制，那么形成的外汇市场并非完全意义上的市场，个体的持汇意愿必然不高，市场上的外汇需求远小于资本项目完全放开时的情景。也就是说，没有资本项目放

---

① 中国官方称为有管理的浮动汇率制度，然而易纲（2002）论证认为无论政府名义上宣布采取任何汇率制度，都将收敛于固定汇率制度。实践证明 1996 年以后的十年内，中国的汇率一直维持 1 美元兑 8.26 人民币的价格上保持不变。

开，取消外汇结售汇制度并无实质意义，资本项目开放是取消外汇结售汇制度的前提。

最后，继续推进人民币国际化进程。国际化的货币有三个基本特征：国际储备货币、交易货币和国际定价货币。当前人民币已经被国际货币基金组织列为 SDR，2016 年权重为 10.92%，具备了国际储备货币的条件；而在俄罗斯以及东南亚的很多国家已经开始使用人民币作为双边交易货币；作为国际定价货币的职能，人民币仍有很长的路要走。继续推进人民币国际化，有利于实现外汇制度改革，尤其是实现浮动汇率制度改革。浮动汇率制度实施后，外汇储备的重要程度会降低，汇率风险可以由交易主体承担，进而达到分散风险的目的；而货币政策的独立性将进一步加强，不再受制于汇率波动的绑定影响。

3. 对内完善金融体系，疏通货币政策传导机制

外部环境尽管重要，但内部的市场环境最终决定了货币政策的走向，货币政策工具的合理性、货币操作原则的恰当性，以及财政货币政策的协调性都会影响货币政策的效果，而复杂和完善的货币市场和资本市场是影响货币政策有效传导的更为关键的因素。没有完善的金融体系，再合理的货币工具和操作原则都将大打折扣，货币政策的有效性自然难以保证。

完善利率市场化改革，促进操作工具从数量型向价格型转变。未来中国向浮动汇率转型并进一步放松资本项目管制后，数量型货币政策中介工具与经济发展的相关性将进一步减弱，而且数量型货币政策工具本身也越来越能精确测度，价格型操作工具就成为必要的选择。在中国银行主导型的投融资体制下，存贷款基准利率定价的市场化是迈向利率市场化的关键一步，当前可参考的市场化利率（见附件1）有银行间同业拆借利率和债券回购利率，而面临的最大问题是，三个

货币市场分割严重，而且利率走向步调不一致。未来需要促进金融创新，完善市场间套利机制，抹平利差。另外，伴随着直接融资市场的建设，中央银行将加大价格型货币政策工具的调节力度，积累实际操作经验，为进一步转型打下基础。

简化货币政策最终目标，建立通货膨胀目标制。在选择了适当的操作工具后，货币政策实施当局面临的另一个重大问题是何时实施货币政策。货币政策操作的最终目标是稳定物价，为经济发展营造一个稳定的货币环境，因此，以通货膨胀目标制为基础的麦克拉姆规则易于充当货币政策操作原则。对于经济体而言，货币政策本身就是一个外部冲击，易引发经济波动，为了对冲经济其他刺激产生的波动，采用温和的货币政策相比对经济产生较大波动的相机抉择的货币政策更加合理。

加强财政货币政策配合，提高危机应急管理能力。当面对宏观性、系统性问题时，货币政策有其优势，但在时效性和针对性上财政政策明显优于货币政策。首先，当前中国面临深化改革和扩大开放的任务，改革开放进入深水区，面临巨大的不确定性。其次，随着贸易保护主义的抬头，外部环境也十分严峻。再次，经济波动逐渐呈现多样性和复杂性，也非货币政策独自能胜任。自新中国成立以来，财政政策一直发挥较强的宏观调控作用，为社会发展和经济建设提供了很多的经验，比如调节区域平衡、培育幼稚产业、发展战略性新兴产业等；未来一段时期，财政政策势必将依然发挥其重要作用。协调财政货币政策，减少二者之间的冲突和矛盾将对中国迎接内外挑战做出积极贡献。当前理顺货币政策和财政政策有效协调的体制机制，明确二者之间的权力和责任，减少两种政策的缺位和越位，发挥二者的积极作用为当务之急。

完善金融体系，理顺货币政策传导机制。在假定中央银行为价格管理的主要政策主体的条件下，金融发展程度是中央银行政策有效性的前提。目前，以间接融资为主的金融体系，针对存贷款的政策工具（如存款准备金率、存贷款基准利率等）成为主要的中介工具。这种政策工具的长期存在使存款资金的价格不能反映市场的供需状况，扭曲了要素价格，加之外汇占款的增加，放大了资产价格泡沫，提高了整个经济的系统性风险。因此，完善金融体系，促进金融体系从银行主导型的间接融资体系向直接融资体系转变，是解决当前货币政策所有问题的关键。而当前的主要任务，首先是通过鼓励金融创新，疏通不同货币市场的流动渠道。在金融产品的创新上也积极尝试负面清单制度，减少市场间套利机制的束缚，依靠市场手段抹平货币市场间的利差。其次，完善多层次资本市场建设，促进资本要素合理配置。完善股票发行备案制度，减少发行市场的直接干预，扩大股票交易市场投资者范围，促进机构投资者发展。完善债券市场结构，鼓励企业债的合理合规发行，改变当前以政府债和金融债为主导的现状，丰富债券市场产品。多层次的资本市场有利于分散风险，减小系统性风险发生的可能，同时能发挥市场的定价功能，为利率市场化乃至价格型货币政策的实施创造条件。

第三节　主要创新点和有待进一步研究的问题

1. 研究的创新点

第一，文献梳理的角度新颖。对 DSGE 模型的研究方兴未艾，本研究详细梳理了 DSGE 模型的发展脉络和现状，为今后有志于使用该模型进行研究的科研人员提供了有益的补充资料。从理论渊源、波动性的根源、DSGE 模型在中央银行中的应用以及 DSGE 模型估计等几个方面梳理了该领域的发展状况，为进一步展开研究奠定了基础。

第二，在经典的 BGG 模型中加入劳动力市场摩擦，以反映中国的劳动市场流动性不完全的现状。BGG 模型是在典型的新古典经济模型框架下加入了商品市场摩擦和金融市场摩擦，而本研究将劳动力市场的摩擦也加入进来，以反映中国市场的劳动力摩擦程度，并通过贝叶斯估计确认了中国劳动力市场存在的摩擦现状。

第三，在加入劳动力市场摩擦的基础上，模拟比较了价格型和数量型货币政策的优劣。通过第五章的介绍，我们知道中国货币政策制定当局综合使用了价格型和数量型货币政策工具。而调节利率和调节货币存量的优劣到底在何种程度、何种境况下显现是一个现实性很强的问题，本研究通过模拟分析两种政策的优劣，为政策制定提供了一些实证方面的依据。

第四，财政政策和货币政策联动效应模拟结果显示，并没有明显的证据说明货币政策的独立性会导致经济的增长，因此采用货币政策和财政政策组合来调控经济未必不是一件有益的事情。本研究通过模拟比较发现，独立的货币政策、独立的财政政策以及财政货币政策组合三种政策各有优劣。

第五，"相机抉择"的货币政策的提出。随着中国的信息收集技术水平大大提高，货币政策直接对波动源进行反应以克服政策自身的滞后性，是否会保持经济更为稳定的运行？本研究提出一种新的货币政策制定方案——针对不同波动源的相机抉择的货币政策方案。引起经济波动的根源有很多，针对不同类型的波动源，货币政策制定当局应当采取不同的应对方案。本研究对来自技术创新导致的波动和来自流动性偏好的波动进行模拟，比较传统的货币政策规则和相机抉择的货币政策规则的经济效益，提出货币政策制定当局应该如何应对不同波动源带来的波动。当然该方案的实施需要中央银行高效的信息搜集能力，而这种能力随着网络技术的发展，有实现的可能性。

2. 有待进一步研究的问题

DSGE 模型是一个实践性很强的工具，因理论上的完备性和较强的实践性结合在一起，成为现代宏观经济研究的重要工具。今后可以从三个方面展开进一步的研究：一是理论上对模型框架的拓展；二是实践上在对货币政策进一步理解的基础上提出更为合理的货币政策理论；三是 DSGE 模型的估计。

理论模型的拓展。模型拓展至开放小国的设想。本文考虑的是一个封闭小国的模型，而对于中国而言，随着改革开放的深入，尤其是中国加入 WTO 以后，中国经济的开放度已经达到较高水平，封闭小国的假定已经不太适合中国的现实，拓展至开放型国家势在必行。

实践上的拓展。结合理想环境和中国的现实，拓展模型至利率的半市场化情形，分析利率管制给中国带来了什么样的福利损失。在第四章第三节中，本文只是模拟了货币政策对于一个冲击源进行响应的经济效应，而对于冲击源，本文只是假定了其演化形式，没有对冲击序列的演化形式进行深入研究。未来研究需要进行的工作：一是技术冲击的具体演化路径的研究，这一部分目前已有大量研究，本文只需要将其融合到目前的模拟研究中即可；二是识别经济中的其他冲击及其演化形式，这将是今后研究的重点之一。另外，随着对货币政策课题的深入理解，货币政策领域的众多课题都可以在 DSGE 模型的框架下进行探讨。

模型估计的拓展。作为一个重要的实证工具，模型本身对估计方法要求较高，由于时间有限，本文没有使用贝叶斯估计对 CMR 模型进行估计，这是本文的一大遗憾。造成这种结果的客观原因是数据的局限，主观上是由于笔者对贝叶斯估计的局限性和实用性尚未精通，这也是下一步需重点突破的关键点。

附录一　中国利率市场化过程

中国最主要的融资是通过银行体系的信贷渠道来进行的（林毅夫、姜烨，2006），这样银行的存贷款利率就成了资金供需市场上的关键的价格指标。而该指标到目前为止尚存在利率管制。尽管如此，改革开放以来，这种价格管制已经变得越来越松，最终形成了"贷款利率管下限、存款利率管上限"的信贷利率体系格局。存贷款利率体系中外币存款利率已经全部放开，另外，外币信贷业务占整个信贷业务的比例较小，这种放开有利于中外的合作和交流，但是对于国内的融资体系影响较小。本部分集中描述针对人民币的存贷款利率的市场化改革。

除此之外，作为市场化的典范，银行间同业拆借利率和债券市场利率具有较强的现实意义，一则为其他类型的利率市场化提供依据，二则对其他非市场化利率定价提供参照系。

一　贷款利率

贷款利率市场化的破冰之举是 1987 年 1 月，中国人民银行《关于下放贷款利率浮动权的通知》（以下简称《通知》）。《通知》规定根据自身条件和经济政策，商业银行可以在国家规定的流动资金基准贷款利率基础上上浮，幅度不超过 20%。但是政策制定者并不是对市场化充满绝对的信心，当经济出现危险信号时，为鼓励社会投资会做出相反的举动，例如 1996 年 5 月，为应对当时经济的疲软状态，减轻企业的利息支出负担，上浮范围缩小 10%，浮动范围还是仅限于流动资金贷款。然而该举措却适得其反，连续降息、利率浮动范围的缩小使有了自主权的商业银行限制了对风险高的中小企业贷款流动资金需求的供应，影响了中小企业的发展。

这次政策实验坚定了政策制定者走市场化的决心，接下来实施了很多扩大浮动比例的举措：1998 年 10 月 31 日，小企业的贷款利率最高上浮幅度由 10% 扩大到 20%；1999 年 4 月 1 日，县以下金融机构发放贷款的利率最高可上浮 30%；9 月 1 日起，商业银行对中小企业的贷款利率最高上浮幅度扩大为 30%，而对大型企业的贷款利率最高上浮幅度仍为 10%，贷款利率下浮幅度为 10%。2003 年 8 月，中国人民银行在针对农村信用社改革试点时，允许试点地区农村信用社的贷款利率上浮不超过贷款基准利率的 200%。2004 年 1 月 1 日，中国人民银行针对商业银行、城市信用社的贷款利率浮动区间上限扩大到贷款基准利率的 1.7 倍，同时明确了贷款利率浮动区间不再根据企业所有制性质、规模大小分别制定。2004 年 10 月 29 日，决定不再设定金融机构（不含城乡信用社）人民币贷款利率上限，但对城乡信用社人民币贷款利率实行上限管理，但其贷款利率浮动上限扩大为基准利率的 2.3 倍。至此，金融机构人民币贷款利率形成了上限放开、下限管理的利率政策格局。

二　存款利率

改革开放初期，信托投资公司和农村信用社都曾进行过存款利率浮动的试点，这是我国存款利率市场化的初次尝试。在取得一些经验的同时，也出现了一些问题，如在金融机构缺乏财务约束的情况下，往往是经营状况不好的机构高息揽存，引起存款搬家、利率违规等。因此，存款利率浮动在 1990 年全部取消。实践证明，存款利率的市场化宜从大额存款入手，逐步过渡到管住利率上限，采取允许存款利率下浮的方式稳步推进。

为探索存款利率市场化途径，兼顾金融机构资产负债管理的需要，1999 年 10 月，中国人民银行批准中资商业银行法人对中资保险公司法人试办五年期以上（不含五年期）、3000 万元以上的长期大额协议存款业务，利率水平由双方协商确定。这是存款利率市场化的有益尝试。

2002 年 2 月和 12 月，协议存款试点的存款人范围扩大到全国社会保障基金理事会和已完成养老保险个人账户基金改革试点的省级社会保险经办机构。2003 年 11 月，国家邮政局邮政储汇局获准与商业银行和农村信用社开办邮政储蓄协议存款。放开长期大额协议存款利率为存款利率市场化改革积累了经验，同时培育了商业银行的存款定价意识，健全了存款利率管理的有关制度。改革实践使"先长期大额，后短期小额""存款利率向下浮动，管住上限"的存款利率市场化的思路更加明确和清晰。

2004 年 10 月 29 日，中国人民银行报经国务院批准，决定允许金融机构人民币存款利率下浮。即所有存款类金融机构对其吸收的人民币存款利率，可在不超过各档次存款基准利率的范围内浮动，但存款利率不能上浮。至此，人民币存款利率实行下浮制度，实现了"放开下限，管住上限"的既定目标。

三 银行间同业拆借市场利率和债券市场利率

这里的市场化利率体系主要包括银行间同业拆借市场利率和债券

市场利率，由于其市场化程度最高，故称其为市场化的利率体系。银行间同业拆借市场和债券市场的交易主体主要是金融机构，以银行为主，"成功建立了管制利率之外的资金配置体系"（易纲，2009），为其他市场的利率市场化积累了经验。

银行间同业拆借市场的历史长于中国人民银行成立的历史。早在改革开放初期，就存在银行间同业拆借市场；而明确规定银行间可以相互拆借的法规，是国务院于 1986 年 1 月颁布的《中华人民共和国银行管理暂行条例》。该条例还规定交易双方自行商定资金拆借的期限和利率，这相对于其他利率市场而言，在当时已经拥有了很强的独立性。不以规矩，不能成方圆，为了提高银行间同业拆借市场主体的风险防范意识，国家于 1990 年 3 月出台了《同业拆借管理试行办法》。该办法在制定同业拆借市场运行规则的同时，确定了拆借利率的上限，实际上是加强了该市场的管制。这与当时整体的宏观经济不确定性相适应。

1996 年 1 月 1 日，同业拆借业务开始通过全国统一的同业拆借市场网络办理，结束了由各商业银行组建的融资中心来办理拆借业务的历史，为形成全国范围的利率市场创造了良机，生成了中国银行间同业拆借利率（CHIBOR）。同年 6 月，中国人民银行发布《关于取消同业拆借利率上限管理的通知》，指出银行间同业拆借利率由拆借双方根据市场资金供求自主确定，解除了该市场的利率管制，为其他利率市场的市场化打开了新局面。

1991 年，承购包销发行方式的采用成为国债发行市场化改革第一步。1996 年，财政部采取了利率招标、收益率招标、划款期招标等发行方式通过证券交易所市场平台实现了国债的市场化。这样国债利率开始了其市场化进程。1997 年，中国人民银行颁布了《关于银行间债券回购业务有关问题的通知》，规定银行间债券回购业务需要在同业拆借市场统一开办。而利率则由双方商定，这样债券发行利率基本达到了制度上的成熟阶段。1999 年，财政部首次在银行间债券市场实现以利率招标的方式发行国债。实际上，1999 年之后银行间已经形成了市场化的利率体系。

附录二　中国人民银行货币政策
操作框架

一　中国人民银行体系的建立与功能调整

作为宏观调控的主要部门之一，中国人民银行作为中央银行的职能和定位越来越明确和清晰。本部分从中国人民银行职能的明确角度，描述改革开放以来中国金融体系的演化过程，借以分析说明当前货币政策发挥作用的一般性和特殊性存在的现实基础，以避免简单套用 DSGE 模型分析货币政策带来的问题。

改革开放伊始，不存在独立的金融机构，金融体系在计划经济体制之下，一度成为财政部下属的一个部门。中国人民银行的职能是按计划办理存、贷、汇和转账结算，履行政府的出纳功能。以 1977 年中国人民银行与财政部分设为标志，金融机构开始有了独立的办事机构，肩负着货币发行、产业发展以及具体金融业务等多重职能。由于金融机构单一，不存在监督管理的任务，占大头的社会主义建设资金仍旧由财政部拨款实现。

1979 年 2 月重新成立中国农业银行，同时恢复其领导的农村信用合作社，将农村信贷和支农资金的管理分离出去；3 月将外汇业务分离给新成立的中国银行，外汇收支计划的平衡和检查监督职能则分

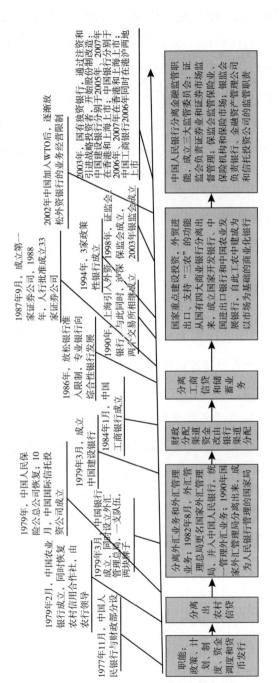

图 1　中央银行职能演化过程

资料来源：相关资料整理得来。

配给了国家外汇管理总局；随后成立中国建设银行，承接了财政分配渠道的资金；1984 年 1 月中国工商银行正式成立，将工商信贷和储蓄业务承接过来，中国二级银行体制开始形成。

随着四大国有银行向混业经营发展、股份制银行的成立、外资银行的引入，以及证券业、保险业、信托业的出现及发展，以及监督管理委员会的成立，中国最终形成了金融机构多元化、金融市场多样化、金融运行市场化、金融监管规范化的金融体系。

二 中央银行操作框架

成熟的现代中央银行实施货币政策的三种主要工具是公开市场业务、调整再贴现率以及调整存款准备金率。然而在中国，中国人民银行还有其他的实施手段，包括再贷款制度和调整基准利率。而存贷款利率则是中国人民银行一直以来实施货币政策的最主要的手段之一。

1. 调整基准利率——银行存贷款利率

改革开放以来，存贷款利率作为基准利率一直是中国人民银行主要的操作手段之一。尤其是当经济出现严重的外部冲击和市场出现较大的泡沫时。表 1 总结了历年来存款准备金的调整状况和当时的经济背景。

表 1 历年基准利率调整一览

年份	贷款利率调整状态和次数	存款利率调整状态和次数	经济背景
1993	上调 2 次		经济过热、物价上涨幅度持续攀升
1996	下调 2 次	下调 2 次	企业生产经营状况却并不乐观；企业仍存在产销率下降，亏损额、亏损面不同程度地扩大，银行利息负担较重
1997	下调 1 次	下调 1 次	亚洲金融危机爆发，国际经济形势发生很大的变化，我国经济发展遇到消费市场低迷、物价持续负增长、出口下降、外商投资减少、金融风险加大等困难，经济结构面临大的调整
1998	下调 3 次	下调 3 次	金融危机的影响

续表

年份	贷款利率调整 状态和次数	存款利率调整 状态和次数	经济背景
1999	下调2次	下调2次	应对金融危机的持续影响
2002	下调1次	下调1次	巩固前期应对金融危机的政策
2004	上调1次	上调1次	投资规模偏大、物价持续上涨
2006	上调2次	上调2次	股票市场泡沫出现,市场流动性过剩,通胀预期压力过大
2007	上调6次	上调6次	股票价格虚高,流动性过剩
2008	下调3次	下调3次	汶川地震和金融危机导致的经济萎缩,失业增加
2010	上调2次	上调2次	通胀压力预期升高,出现流动性过剩现象
2011	上调3次	上调2次	应对通胀压力,抵消经济中流动性过剩的现状

从表中可以看出当经济出现过度繁荣或者过度萧条时,中国人民银行对调整存贷款利率工具还是依赖过重。尽管如此,2009 年中国人民银行发布《关于 2009 年上海银行间同业拆放利率建设工作有关事宜的通知》（银发〔2009〕24 号）,提出继续完善 Shibor 形成机制,积极推动金融产品以 Shibor 为基准定价或参照其定价。这为今后存贷款利率市场化提供了一定参考基础。

2. 调整银行存款准备金率

准备金率也是中国人民银行的重要工具。表 2 是自 1984 年以来存款准备金调整次数和幅度一览。

表 2　历年调整存款准备金率一览

次数	时间	调整前（%）	调整后 （%）	调整幅度 （百分点）
35	2010 年 11 月 19 日	（大型金融机构）17.50	18.00	0.5
		（中小金融机构）14.00	14.50	0.5
34	2010 年 11 月 10 日	（大型金融机构）17.00	17.50	0.5
		（中小金融机构）13.50	14.00	0.5
33	2010 年 5 月 2 日	（大型金融机构）16.50	17.00	0.5
		（中小金融机构）13.50	不调整	—

续表

次数	时间	调整前(%)	调整后(%)	调整幅度(百分点)
32	2010 年 2 月 25 日	(大型金融机构)16.00	16.50	0.5
		(中小金融机构)13.50	不调整	—
31	2010 年 1 月 18 日	(大型金融机构)15.50	16.00	0.5
		(中小金融机构)13.50	不调整	—
30	2008 年 12 月 25 日	(大型金融机构)16.00	15.50	−0.5
		(中小金融机构)14.00	13.50	−0.5
29	2008 年 12 月 5 日	(大型金融机构)17.00	16.00	−1
		(中小金融机构)16.00	14.00	−2
28	2008 年 10 月 15 日	(大型金融机构)17.50	17.00	−0.5
		(中小金融机构)16.50	16.00	−0.5
27	2008 年 9 月 25 日	(大型金融机构)17.50	不调整	—
		(中小金融机构)17.50	16.50	−1
26	2008 年 6 月 7 日	16.50	17.50	1
25	2008 年 5 月 20 日	16	16.50	0.5
24	2008 年 4 月 25 日	15.50	16	0.5
23	2008 年 3 月 18 日	15	15.50	0.5
22	2008 年 1 月 25 日	14.50	15	0.5
21	2007 年 12 月 25 日	13.50	14.50	1
20	2007 年 11 月 26 日	13	13.50	0.5
19	2007 年 10 月 25 日	12.50	13	0.5
18	2007 年 9 月 25 日	12	12.50	0.5
17	2007 年 8 月 15 日	11.50	12	0.5
16	2007 年 6 月 5 日	11	11.50	0.5
15	2007 年 5 月 15 日	10.50	11	0.5
14	2007 年 4 月 16 日	10	10.50	0.5
13	2007 年 2 月 25 日	9.50	10	0.5
12	2007 年 1 月 15 日	9	9.50	0.5
11	2006 年 11 月 15 日	8.50	9	0.5
10	2006 年 8 月 15 日	8	8.50	0.5
9	2006 年 7 月 5 日	7.50	8	0.5
8	2004 年 4 月 25 日	7	7.50	0.5
7	2003 年 9 月 21 日	6	7	1
6	1999 年 11 月 21 日	8	6	−2
5	1998 年 3 月 21 日	13	8	−5

次数	时间	调整前（%）	调整后（%）	调整幅度（百分点）
4	1988 年 9 月	12	13	1
3	1987 年	10	12	2
2	1985 年	央行将法定存款准备金率统一调整为 10%	—	—
1	1984 年	央行按存款种类规定法定存款准备金率，企业存款 20%、农村存款 25%、储蓄存款 40%	—	—

一般而言，基准利率和存款准备金率的调整方向一致，例如，2010 年上调存款准备金率的同时也上调银行存贷款利率。目的都是应对日益增加的通货膨胀压力。同样，面对 2008 年国际金融危机的冲击，中国人民银行于 9 月起连续大幅下调银行存款准备金率，同时下调银行存贷款利率以应对危机带来的流动性不足问题。

3. 公开市场操作

与其他货币政策工具相比，公开市场业务具有主动性、灵活性和时效性等特点。1998 年 5 月 26 日，中国人民银行恢复人民币公开市场操作，公开市场业务迅速发展逐渐成为中央银行管理流动性的主要手段。相对于国外而言，中国的公开市场业务仅有短短十几年的历程；而美国自 20 世纪 50 年代以来，大约 90% 的货币吞吐是通过公开市场业务进行的，德国、法国等也大量采用公开市场业务调节货币供应量。许多发展中国家从 20 世纪 80 年代开始，就将公开市场业务作为货币政策工具。

中国人民银行的公开市场操作主要的交易方式为发行中央银行票据、现券交易和回购交易。中央银行票据即中国人民银行发行的短期债券，通过发行央行票据可以回笼基础货币，央行票据到期则体现为投放基础货币，由于这种票据没有商业活动的支持，真实票据理论不支持该种交易品种，但是由于在上一节指出的中国的一些制度的限制，中央银行被动发行较多货币，发行央行票据对我国有积极意义。现券交易包括现券买断和现券卖断，现券买断是央行直接从二级市场买入债券，一次性地投放基础货币；现券卖断为央行直接卖出持有债券，一次性地回笼基础货币。回购交易有两种：正回购和逆回购，正回购为中国人民银行向一级交易商卖出有价证券，并约定在未来特定日期买回有价证券的交易行为，为央行从市场收回流动性的操作，正回购到期则为央行向市场投放流动性的操作；逆回购为中国人民银行向一级交易商购买有价证券，并约定在未来特定日期将有价证券卖给一级交易商的交易行为。

2002 年中央银行进行制度创新，开始发行中央银行票据，突破了市场上可交易证券规模的限制。2005 年共发行 125 期央行票据，发行总量 27882 亿元，年末央行票据余额为 20662 亿元；开展正回购操作 62 次，收回基础货币 7380 亿元；开展逆回购 3 次，投放基础货币 368 亿元。全年累计回笼基础货币 35924 亿元，累计投放基础货币 22076 亿元，投放、回笼相抵，通过人民币公开市场操作净回笼基础货币 13848 亿元，相当于 2004 年的 2 倍多。

2001 年，我国国际收支出现大幅盈余，同时由于人民币资本项目下不可自由兑换，外汇储备大幅增长，中国人民银行通过外汇公开市场操作所投放的基础货币大量增加，全年外汇占款增加 3813 亿元。根据外汇占款变动情况，人民币公开市场操作的主要任务是搞好本外币综合平衡，协调本币与外币公开市场操作的关系，保持基础货币总量平稳增长。

2002 年，在我国外贸出口和外商直接投资快速增长的情况下，我国银行间外汇市场明显供大于求，中国人民银行从银行间外汇市场大量购买外汇，外汇占款大幅增加，相应投放大量基础货币，对基础货币的适度增长造成冲击。为此，中国人民银行加强本外币政策协调，充分运用公开市场操作，适度收回商业银行流动性，保证基础货币的稳定增长。2002年4月9日，中国人民银行开始卖断现券，回笼基础货币。6月25日开始进行公开市场正回购操作，正回购的招标量根据外汇买入情况和基础货币情况确定，利率由所有40家公开市场业务一级交易商投标决定。2002年9月24日，中国人民银行将2002年以来（6月25日至9月24日）公开市场业务未到期的正回购转换为中央银行票据，实际是将商业银行持有的以央行持有债券为质押的正回购债权置换为信用的央行票据债权，转换票据总额1937.5亿元，为继续进行正回购操作提供了条件。2003年，中国人民银行根据货币信贷总体规划，通过公开市场操作保持基础货币稳定增长。针对外汇占款投放基础货币大幅增长的情况，中国人民银行通过发行央行票据等方式，加大基础货币回笼力度。

2004年第一季度，采取适度从紧的操作取向，基本上实现了本、外币操作的全额对冲；后三个季度，针对各项宏观调控措施逐步落实并已见成效的情况，同时为了防止投资反弹，并满足商业银行正常的支付清算和合理的贷款资金需求，采取了中性的操作取向。

2006年起在国际收支顺差导致的流动性过剩压力持续存在的局面下，中国人民银行以加强银行体系流动性管理作为货币政策调控的主要内容，搭配使用公开市场操作和存款准备金等对冲工具，大力回收银行体系过剩流动性。

2008年末至今为应对金融危机的影响以及保证经济的发展，中央银行向经济体中注入流动性，以应对经济中出现的流动性不足现象。

4. 调节本外币利率和汇率制度改革

由于国内外制度的差异，以及国内外经济发展速度的差异，长期以来国内真实利率和国际主要国家的真实利率之间存在较大的差异。另外，意识到中国已经逐渐具备了实施浮动汇率制度的基本条件，汇率制度逐渐从固定汇率制度转变为浮动汇率制度，利率的差异和制度的变迁给中央银行提出了更高的要求，鉴于本文主要分析国内情况，对于这方面的货币政策史就不再赘述。

附录三 世界主要国家的汇率制度选择

一 汇率制度分类

根据蒙代尔三角原理，独立的货币政策、固定汇率制度和资本项目可兑换三者不可同时存在，也就是国际经济学里著名的"三元冲突"理论。角点解为：①浮动汇率制度安排（浮动汇率、货币完全独立、资本项目完全自由流动）；②硬盯住汇率制度安排（固定汇率制、货币不独立、资本完全自由流动）；③资本控制的汇率制度安排（汇率可以稳定在合意的任何位置、货币独立、资本控制）。

而货币基金组织将汇率制度分成了 4 个大类 10 个小类（见表 1）。分类的方式不是按名义上（de jure）的称谓定义，而是按观察到的结果（de facto）分类。比如 1996～2005 年中国的汇率制度名义上称为有管理的浮动汇率制，按观察结果来看属于传统的盯住制。

偏爱资本项目可兑换的国家，会在独立的货币制度和固定汇率制度之间权衡。比如，美国拥有独立的货币制度和资本项目可兑换，汇率是自由浮动的；欧盟资本项目可兑换和固定汇率制度并存，不存在独立的货币制度，同属于硬盯住汇率制度的香港也如此。浮动汇率制

表 1　汇率制度分类

汇率制度	Exchange Rate Arrangement	2008	2009	2010	2011	2012
硬盯住	Hard pegs	12.2	12.2	13.2	13.2	13.2
无独立法定货币的汇率安排	No separate legal tender	5.3	5.3	6.3	6.8	6.8
货币局制度	Currency board	6.9	6.9	6.9	6.3	6.3
软盯住	Soft pegs	39.9	34.6	39.7	43.2	39.5
传统的盯住制	Conventional peg	22.3	22.3	23.3	22.6	22.6
稳定化安排	stabilized arrangement	12.8	6.9	12.7	12.1	8.4
爬行盯住	Crawling peg	2.7	2.7	1.6	1.6	1.6
爬行带内浮动	Crawling-like arrangement	1.1	0.5	1.1	6.3	6.3
水平调整的盯住制	Pegged exchange rate within horizontal bands	1.1	2.1	1.1	0.5	0.5
浮动	Floating	39.9	42	36	34.7	34.7
浮动汇率制度	Floating	20.2	24.5	20.1	18.9	18.4
自由浮动汇率制	Free floating	19.7	17.6	15.9	15.8	16.3
其他	Residual					
其他有管理的汇率安排	Other managed arrangement	8	11.2	11.1	8.9	12.6

注：①数据是货币基金组织成员国家（或地区）中选择该种汇率制度的国家（或地区）数量占总成员国家（和地区）数量的比重，成员国家包括 187 个国家和 3 个地区；②2008 和 2009 年中不包括 2009 年 6 月 9 日加入货币基金组织的科索沃和 2010 年 6 月 24 日加入的图瓦卢，2010 年不包括 2010 年 6 月 24 日加入货币基金组织的图瓦卢；③"其他"表示无法分类或者透露的信息不够。

资料来源：*Annual Report on Exchange Arrangements and Exchange Restrictions*（2012）。

度国家的汇率安排从属于货币政策；固定汇率制度国家的货币政策从属于汇率安排。

目前很多国家，尤其是发展中国家选择资本项目不可兑换或者资本项目部分可兑换，导致最后的汇率制度演变成介于浮动汇率和固定汇率之间的中间汇率制度。而实际上，在资本项目不可兑换的前提下，政府或者中央银行对汇率起着决定性的作用，基本上选择了独立的货币政策和固定汇率制度。

资本项目不可兑换下的汇率安排可以盯住单一货币，也可以盯住一揽子货币，甚至是从盯住一种货币转变到另外一种货币；为避免成员国恶意操纵汇率，促进国际贸易的公平竞争，货币基金组织往往要求成员国公布盯住的货币，或者货币篮子及权重来增加制度的透明度。

二　以美国为代表的浮动汇率制

美国的汇率制度是典型的从属于货币政策浮动汇率制度。由于贸易项目和资本项目可兑换，美国的外汇交易规模和价格大部分由市场供需决定。除了贸易规模和国际投资之外，美元的特殊地位也是影响美元汇率的重要因素。历史上美元是唯一的国际储备货币，尽管随着布雷顿森林体系的崩溃，美元的地位下降，但是依然是全球重要的计价单位；加之美元是直接与石油挂钩的主权货币，这两方面增加了美国实施固定汇率制度的难度。

但是美国政府也是美元外汇市场的重要力量。《黄金储备法》和《布雷顿森林协议法》授予美国财政部在某些情况下干预外汇市场的权利；而《联邦储备法》授权美国联邦储备系统对外汇市场的干预。这种体系下，美国财政部和美联储都有权对外汇市场进行干预。

"美国财政部 20 世纪 30 年代初设立了专门用于外汇市场操作的外汇稳定基金（Exchange Stabilization Fund，ESF）。该基金由财政部部长在美国总统的授权下用于黄金和外汇的操作。美联储对外汇市场的干预则是通过由 12 家联储银行共同参与的一个系统账户（System Account）进行的。该系统账户由公开市场委员会指导操作。具体的操作由纽约联邦储备银行在系统公开市场账户经理的指导下进行……"，"……实际操作中，美国政府在外汇市场上的所有操作都是由纽约联邦储备银行的外汇交易室作为美国财政部和美联储的代表负责具体执行的……"。[1]

---

[1]　中国人民银行网站：http://www.pbc.gov.cn。

三 以香港为代表的货币局制度

香港的外汇制度被称为货币局制度，是开放经济体最典型的固定汇率制度，对应的是资本项目可自由兑换和放弃货币政策执行权。

发行制度：政府设立外汇基金；规定汇丰银行、渣打银行和中国银行为货币发行行；货币发行：以美元换取"负债证明书"已发行港元；负债证明书赋予发行行发行权利：1 美元可发行 7.8 港币。其他银行向发行行获得港元时也需要以美元兑换。

外汇的其他市场，如银行间同业市场，以及公众在银行开设的外汇账户，原则上可以按任何价格买卖的。也就是说港币对美元是浮动的。

运行机制：当公众或者银行对美元的需求过旺时，外汇市场上美元价格上涨，发行行则乐意归还负债，将 7.8 港币兑换成 1 美元，市场上美元供给增加，价格下降；当市场流动性不足，港币价格上涨时，发行行乐意购买美元，再以 1 美元发行 7.8 港币，以满足市场流动性。

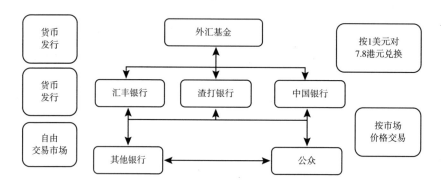

图 1 香港的货币局制度运行示意

资料来源：根据中国人民银行网站资料汇总得来。

四　以欧盟成员国为代表的无独立法定货币的汇率安排

欧盟作为一个整体是浮动汇率制度，而对欧盟中非欧元区国家实施欧洲第二汇率机制，即水平调整的软盯住制。欧洲中央银行是欧元区国家的发行银行，欧元区使用统一的货币欧元。

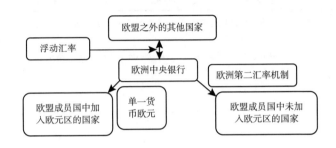

图 2　欧盟的汇率制度

注：欧洲第二汇率机制是指欧元与尚未加入欧元区的欧盟成员国货币间的波动幅度保持在 15% 以内。

资料来源：根据中国人民银行网站资料汇总得来。

五　金砖国家的汇率制度

汇率制度的决定是内生的结果。当拥有独立的货币政策且资本项目可自由兑换时，汇率制度的可选项只能是浮动汇率制度，任何试图固定住汇率的企图，都易受到国际资本的冲击，以致无法坚守既定的汇率。金砖五国中，巴西、印度和南非选择了资本项目可自由兑换和独立的货币政策，其汇率制度则是浮动汇率制度。中国和俄罗斯资本项目逐步放开，导致其货币政策形成半独立状态。中国的汇率制度实际上是盯住美元的爬行带内浮动的汇率制度，为最终实现资本项目可自由兑换、独立的货币政策和浮动汇率制度组合打基础。而俄罗斯的汇率制度的锚没有对外公布，所以其汇率制度被 IMF 认定为其他。

表 2　金砖五国的汇率制度

国家	汇率制度	货币政策	资本项目
巴西	浮动汇率制度	独立	可自由兑换
印度	浮动汇率制度	独立	可自由兑换
南非	浮动汇率制度	独立	可自由兑换
中国	爬行带内浮动的固定汇率制	半独立	部分可自由兑换
俄罗斯	其他	半独立	部分可自由兑换

注：货币政策独立意味着该国政府（无论是财政部门还是中央银行）有能力根据情况自由制定货币政策。

资料来源：根据 *Annual Report on Exchange Arrangements and Exchange Restrictions*（*2012*）整理得来。

附录四　CMR 的 Dynare 程序

//积极货币政策退出机制研究

//变量，冲击变量和参数的定义

var //内生变量

Pi, s, rk, i, uf, omega, Rk, n, q, vl, vk, ev, mb, R, uzc, lambdaz, mh, Rah, ch, wh, lh, kf, Re, x, xb, y, g, s_ lambdaf, s_ tau, s_ psil, s_ psik, s_ xi, s_ xb, s_ taut, s_ theta, s_ taud, s_ taul, s_ tauk, s_ zeta, s_ g, s_ v, s_ omegae, s_ muz, s_ gama, s_ epsilonf, s_ xp, s_ tauc;

varexo //各种冲击的方差

e_ lambdaf, e_ tau, e_ psil, e_ psik, e_ xi, e_ xb, e_ taut, e_ theta, e_ taud, e_ taul, e_ tauk, e_ zeta, e_ g, e_ v, e_ omegae, e_ muz, e_ gama, e_ epsilonf, e_ xp, e_ tauc;

parameters //动态参数的滞后项系数

rou_ lambdaf, rou_ tau, rou_ psil, rou_ psik, rou_ xi, rou_ xb, rou _ taut, rou_ theta, rou_ taud, rou_ taul, rou_ tauk, rou_ zeta, rou

_ g, rou_ v, rou_ omegae, rou_ muz, rou_ gama, rou_ epsilonf, rou_ xp, rou_ tauc, rou_ y, rou_ lambdaf1, rou_ Pi;

parameters //外生给定参数

p_ taul, p_ tauc, p_ beta, p_ fomega, p_ mu, p_ x, p_ muz, p_ lambdaf, p_ lambdaomega, p_ alpha, p_ psik, p_ psil, p_ delta, p_ v, p_ tauk, p_ gama, p_ tau, p_ taut, p_ taud, p_ sigmal, p_ zeta, p_ sigmaq, p_ theta, p_ b, p_ omegae, p_ vl, p_ m, p_ vk, p_ etag, p_ rk;

parameters //稳态参数

p_ q, p_ Pi, p_ Re, p_ Rah, p_ Ra, p_ her, p_ R, p_ Rk, p_ omega, p_ kf, p_ k, p_ k, p_ n, p_ i, p_ wh, p_ lh, p_ c, p_ uzc, p_ mb, p_ lambdaz, p_ psiL, p_ ezr, p_ ev, p_ ax, p_ xi, p_ hKb, p_ y, p_ g, p_ sigma;

parameters //需要估计的参数

p_ xip, p_ xiw, p_ Si, p_ lambda, p_ sigmaa;

parameters //一些中间参数（这些参数是稳态参数的函数）

p_ fomegad, p_ gomega, p_ gomegad, p_ gomegadd, p_ ffomega, p_ ffomegad, p_ ffomegadd, p_ d, p_ phi, p_ bigtheta, phi;

p_ Pi = 1.001984127;

p_ R = 0.014;

p_ Ra = 6.63E - 04;

p_　Re = 0. 013923698 ;

p_　Rk = 0. 014607937 ;

p_　alpha = 0. 4 ;

p_　ax = 88. 45686633 ;

p_　b = 0. 1 ;

p_　beta = 0. 9975 ;

p_　c = 0. 322833431 ;

p_　delta = 0. 006 ;

p_　etag = 0. 2 ;

p_　ev = 0. 712717446 ;

p_　ezr = 0. 005355519 ;

p_　ffomega = 0. 036853025 ;

p_　ffomegad = 0. 9967 ;

p_　ffomegadd = − 0. 0875102 ;

p_　fomega = 0. 0033 ;

p_　fomegad = 0. 0875102 ;

p_　g = 0. 123936144 ;

p_　gama = 0. 983 ;

p_　gomega = 9. 24E − 05 ;

p_　gomegad = 0. 003227577 ;

p_　gomegadd = 0. 090666943 ;

p_　hKb = 2. 126727109 ;

p_　her = 1. 117590671 ;

p_　i = 0. 172911145 ;

p_　kf = 12. 44960246 ;

p_ lambdaf = 1. 2 ;

p_ lambdaomega = 1. 05 ;

p_ lambdaz = 2. 795557363 ;

p_ lh = 0. 116236795 ;

p_ m = 0. 8 ;

p_ mb = 0. 237446288 ;

p_ mu = 0. 21 ;

p_ muz = 1. 008 ;

p_ n = 11. 99072918 ;

p_ omega = 0. 036882293 ;

p_ omegae = 0. 15 ;

p_ phi = 0. 123984702 ;

p_ psiL = 65. 71289042 ;

p_ psik = 1 ;

p_ psil = 1 ;

p_ q = 1 ;

p_ rk = 0. 02 ;

p_ sigma = 1. 022438868 ;

p_ sigmal = 1 ;

p_ sigmaq = 0. 5 ;

p_ tau = 0. 06 ;

p_ tauc = 0. 1 ;

p_ taud = 0. 1 ;

p_ tauk = 0. 1 ;

p_ taul = 0. 1 ;

```
p_ taut = 0. 1 ;

p_ theta = 0. 8 ;

p_ uzc = 3. 098425485 ;

p_ v = 0. 005 ;

p_ vk = 0. 99 ;

p_ vl = 0. 99 ;

p_ wh = 3. 187664303 ;

p_ x = 0. 01 ;

p_ xi = 0. 990967726 ;

p_ y = 0. 619680721 ;

p_ zeta = 1 ;

p_ Rah = p_ Ra ;

p_ k = p_ kf ;

p_ d = p_ mu * p_ gomega * （1 + p_ Rk） * p_ k/（p_ muz * p_
Pi）;

p_ bigtheta = （p_ y - p_ c - p_ g）/（（1 - p_ gama）* p_ v）;

p_ xip = 0. 5 ;

p_ xiw = 0. 5 ;

p_ Si = 1 ;

p_ lambda = 1 ;

p_ sigmaa = 1 ;

rou_ lambdaf = 0. 5 ;

rou_ tau = 0. 5 ;

rou_ psil = 0. 6 ;

rou_ psik = 0. 6 ;

rou_ xi = 0. 5 ;
```

rou_ xb = 0. 5 ;

rou_ taut = 0. 5 ;

rou_ theta = 0. 5 ;

rou_ taud = 0. 5 ;

rou_ taul = 0. 5 ;

rou_ tauk = 0. 5 ;

rou_ zeta = 0. 5 ;

rou_ g = 0. 5 ;

rou_ v = 0. 5 ;

rou_ omegae = 0. 5 ;

rou_ muz = 0. 8135 ;

rou_ gama = 0. 5 ;

rou_ epsilonf = 0. 5 ;

rou_ xp = 0. 8136 ;

rou_ tauc = 0. 5 ;

rou_ lambdaf1 = 0. 5 ;

rou_ y = 0. 5 ;

phi = 0. 0 ;

rou_ Pi = 0. 5 ;

//模型的描述

model（linear）;

//企业部门

Pi － （1/ （1 + p_ beta）） ＊ Pi （ － 1） － （p_ beta/ （1 + p_ beta））
＊ Pi （ + 1） － （ （1 － p_ xip ＊ p_ beta） ＊ （1 － p_ xip） / （ （1 +
p_ beta） ＊ p_ xip）） ＊ （s + s_ lambdaf） = 0 ;

p_ alpha * rk + （p_ alpha * p_ R/（1 + p_ psik * p_ R））* s_ psik + （1 - p_ alpha）* wh + （（1 - p_ alpha）* p_ psil * p_ R/（1 + p_ psil * p_ R））* s_ psil + （（p_ alpha * p_ psik * p_ R/（1 + p_ psik * p_ R））+ （（1 - p_ alpha）* p_ psil * p_ R/（1 + p_ psil * p_ R）））* R - s_ epsilonf - s = 0；

rk + （p_ psik * p_ R/（1 + p_ psik * p_ R））*（s_ psik + R）- s_ epsilonf - （1 - p_ alpha）*（s_ muz + lh - （kf + uf））- s = 0；

//资本生产部门

vk = vl；

q - p_ Si * p_ muz^2 *（1 + p_ beta）* i - p_ Si * p_ muz^2 * s_ muz + p_ Si * p_ muz^2 * i（-1）+ p_ beta * p_ Si * p_ muz^2 * i（+1）+ p_ beta * p_ Si * p_ muz^2 * s_ muz（+1）= 0；

//企业家部门

rk - p_ sigmaa * uf = 0；

p_ lambda *（（p_ Rk/（1 + p_ Rk））* Rk - p_ Re/（1 + p_ Re））* Re - （1 - p_ fomega）*（1 + p_ Rk）/（1 + p_ Re）*（p_ ffomegadd * p_ omega/p_ ffomegad - p_ lambda *（p_ ffomegadd - p_ mu * p_ gomegadd）* p_ omega/p_ ffomegad）* omega = 0；

（p_ kf/p_ n - 1）*（p_ Rk/（1 + p_ Rk））* Rk - （p_ kf/p_ n - 1）* p_ Re/（1 + p_ Re）* Re + （（p_ kf/p_ n - 1）*（p_ ffomegad - p_ mu * p_ gomegad）/（p_ ffomega - p_ mu * p_ gomega））* p_ omega * omega - q（-1）+ kf - n = 0；

#alpha0 = （p_ gama/（p_ Pi * p_ muz））*（1 - p_ mu * p_ gomega）*（p_ kf * p_ q/p_ n）* p_ Rk；

#alpha1 = （1 - p_ kf * p_ q/p_ n）*（p_ gama/（p_ Pi * p_ muz））* p_ Re；

\#alpha2 = （p_ gama/ （p_ Pi * p_ muz）） * （p_ Rk - p_ Re - p_ mu * p_ gomega * （1 + p_ Rk）） * p_ kf * p_ q/p_ n;

\#alpha3 = p_ omegae/p_ n;

\#alpha4 = alpha2 + （p_ gama/ （p_ Pi * p_ muz）） * （1 + p_ Re）;

\#alpha5 = - alpha4;

\#alpha6 = - alpha4;

\#alpha7 = alpha2;

\#alpha8 = - （p_ gama/ （p_ Pi * p_ muz）） * p_ mu * p_ omega^2 * p_ fomegad * （1 + p_ Rk） * p_ kf * p_ q/p_ n;

\#alpha9 = p_ gama * （ （1 + p_ Re） /p_ Pi） /p_ muz;

- n + alpha0 * Rk （ -1） + alpha1 * Re （ -1） + alpha2 * kf （ -1） + alpha3 * s_ omegae （ -1） + alpha4 * s_ gama （ -1） + alpha5 * Pi （ -1） + alpha6 * s_ muz （ -1） + alpha7 * q （ -2） + alpha8 * omega （ -1） + alpha9 * n （ -1） = 0;

Rk （ +1） - （ （ （1 - p_ tauk） * p_ rk + （1 - p_ delta） * p_ q） / （p_ Rk * p_ q）） * p_ Pi * （ （ （1 - p_ tauk） * p_ rk * rk （ +1） - p_ tauk * p_ rk * s_ tauk + （1 - p_ delta） * p_ q * q （ + 1）） / （ （1 - p_ tauk） * p_ rk + （1 - p_ delta） * p_ q） + Pi （ + 1） - q） - p_ delta * p_ tauk * s_ tauk/p_ Rk = 0;

//银行部门

\#p_ nt = （ （1 - p_ tau） * p_ mb * （1 - p_ m + p_ x） - p_ tau * （p_ psil * p_ wh * p_ lh + p_ psik * p_ rk * p_ kf/p_ muz））; //指示变量

\#p_ n1 = （ - p_ tau * p_ mb * （1 - p_ m + p_ x） - p_ tau * （p_ psil * p_ wh * p_ lh + p_ psik * p_ rk * p_ kf/p_ muz） - p_ tau * p_ psik * p_ rk * p_ kf/p_ muz）; //指示变量一

#p_ n2 = (1 - p_ tau) * p_ mb * (1 - p_ m + p_ x); //指示变量二

#p_ n3 = - (1 - p_ tau) * p_ mb * p_ m/p_ nt;　 //指示变量三

#p_ n4 = (1 - p_ tau) * p_ mb * p_ x/p_ nt;　 //指示变量四

#p_ n5 = p_ tau * p_ psil * p_ wh * p_ lh/p_ nt; //指示变量五

#p_ n6 = p_ tau * p_ psil * p_ wh * p_ lh/p_ nt; //指示变量六

#p_ n7 = p_ tau * p_ psil * p_ wh * p_ lh/p_ nt; //指示变量七

#p_ n8 = - p_ tau * p_ psik * p_ rk * p_ kf/ (p_ muz * p_ nt); //指示变量八

#p_ n9 = - p_ tau * p_ psik * p_ rk * p_ kf/ (p_ muz * p_ nt); //指示变量九

#p_ n10 = - p_ tau * p_ psik * p_ rk * p_ kf/ (p_ muz * p_ nt); //指示变量十

#p_ n11 = p_ tau * p_ psik * p_ rk * p_ kf/ (p_ muz * p_ nt); //指示变量十一

#p_ d0 = ((1 - p_ vk) * p_ kf/p_ muz) ^p_ alpha * ((1 - p_ vl) * p_ lh) ^ (1 - p_ alpha); //指示变量十二

#p_ dmuz = - p_ alpha;

#p_ dk = p_ alpha;

#p_ dvk = - p_ alpha * p_ vk/ (1 - p_ vk);

#p_ dl = 1 - p_ alpha;

#p_ dvl = (1 - p_ alpha) * p_ vl/ (1 - p_ vl); //指示变量

- ev + p_ n1/p_ nt * s_ tau + p_ n2/p_ nt * mb + p_ n3 * mh + p_ n4 * x + p_ n5 * s_ psil + p_ n6 * s_ psik + (p_ n10 - p_ dk) * (kf + uf) + p_ n9 * rk + p_ n6 * wh + (p_ n7 - p_ dl) * lh + (p_ n11 - p_ dmuz) * s_ muz - p_ dvk * vk - p_ dvl * vl = 0;

#siglR = （1 - p_ psil * p_ R/（1 + p_ psil * p_ R））;

#siglxi = 1 - log（p_ ev）* p_ xi + p_ tau * p_ her *（1/（1 - p_ xi）+ log（p_ ev））* p_ xi/（1 + p_ tau * p_ her）;

#siglx = 1/（1 + p_ tau * p_ her）;

#sigle = 1 - p_ xi + p_ tau * p_ her * p_ xi/（1 + p_ tau * p_ her）;

#siglmu = - p_ alpha;

#siglvl = p_ alpha * p_ vl/（1 - p_ vl）;

#siglvk = p_ alpha * p_ vk/（1 - p_ vk）;

#sigll = - p_ alpha;

#siglk = p_ alpha;

#siglt = - p_ tau * p_ her/（1 + p_ tau * p_ her）;

#siglpsil = - p_ psil * p_ R/（1 + p_ psil * p_ R）;

siglR * R + siglxi * s_ xi - wh + siglx * xb + sigle * ev + siglmu * s_ muz + siglvl * vl + siglvk * vk + sigll * lh + siglk *（kf + uf）+ siglt * s_ tau + siglpsil * s_ psil = 0;

#sigm1 = p_ mb *（1 - p_ m + p_ x）;

#sigm2 = p_ psil * p_ wh * p_ lh + p_ psik * p_ rk * p_ kf/p_ muz;

#sigff = - sigm2/（（sigm1 + sigm2）*（sigm1 - p_ tau *（sigm1 + sigm2）））;

#sigf = sigm1/（（sigm1 + sigm2）*（sigm1 - p_ tau *（sigm1 + sigm2）））;

#sigwl = p_ psil * p_ wh * p_ lh/（p_ psil * p_ wh * p_ lh + p_ psik * p_ rk * p_ kf/p_ muz）;

#sigwk =（p_ psik * p_ rk * p_ kf/p_ muz）/（p_ psil * p_ wh * p_ lh + p_ psik * p_ rk * p_ kf/p_ muz）;

- s_ xb +（p_ tau *（sigm1 + sigm2）/（sigm1 - p_ tau *（sigm1 +

sigm2)))　∗ s_ tau + log（p_ ev）∗ p_ xi ∗ s_ xi + p_ xi ∗ ev + sigm1
∗ sigff ∗ mb + sigm2 ∗ sigf ∗ sigwl ∗（wh + lh + s_ psil）+ sigm2 ∗ sigf
∗ sigwk ∗（s_ psik + rk + uf + kf + s_ muz）+ sigm1 ∗ sigff ∗ p_ x/（1
− p_ m + p_ x）∗ x − sigm1 ∗ sigff ∗ p_ m/（1 − p_ m + p_ x）∗ mh
= 0;

Rah −（（p_ her − p_ tau ∗ p_ her）/（（1 − p_ tau）∗ p_ her − 1）
− p_ tau ∗ p_ her/（1 + p_ tau ∗ p_ her））∗（−（1/（1 − p_ xi）
+ log（p_ ev））∗ p_ xi ∗ s_ xi + s_ xb − p_ xi ∗ ev）+（p_ tau ∗ p
_ her/（（1 − p_ tau）∗ p_ her − 1）+ p_ tau ∗ p_ her/（1 + p_ tau
∗ p_ her））∗ s_ tau − R = 0;

% p_ psil ∗ p_ wh ∗ p_ lh ∗（s_ psil + wh + lh）+（p_ psik ∗ p_ rk
∗ p_ kf/p_ muz）∗（s_ psik + rk + uf + kf − muz − mb）− p_ mb ∗
（1 − p_ m + p_ x）∗（mb +（− p_ m ∗ m + p_ x ∗ x）/（1 − p_ m
+ p_ x））= 0;

//居民

p_ uzc ∗ uzc −（p_ muz/（p_ c ∗（p_ muz − p_ b））− p_ muz^2 ∗
p_ c/（p_ c^2 ∗（p_ muz − p_ b）^2））∗ s_ muz − p_ b ∗ p_ beta
∗ p_ muz ∗ p_ c/（p_ c^2 ∗（p_ muz − p_ b）^2）∗ s_ muz（+1）
+（p_ muz^2 + p_ beta ∗ p_ b^2）/（p_ c^2 ∗（p_ muz − p_ b）^
2）∗ p_ c ∗ ch −（p_ b ∗ p_ beta ∗ p_ muz ∗ p_ c/（p_ c^2 ∗（p_
muz − p_ b）^2））∗ ch（+1）−（p_ b ∗ p_ muz ∗ p_ c/（p_ c^2
∗（p_ muz − p_ b）^2））∗ ch（−1）= 0;

− lambdaz + lambdaz（+1）− s_ muz（+1）− Pi（+1）−（p_ Re
∗ p_ taut/（1 +（1 − p_ taut）∗ p_ Re））∗ s_ taut（+1）+（p
_ Re ∗（1 − p_ taut）/（1 +（1 − p_ taut）∗ p_ Re））∗ Re（+
1）= 0;

– lambdaz + lambdaz （ + 1） – s_ muz （ + 1） – Pi （ + 1） + （p_
Rk/ （1 + p_ Rk）） * Rk （ + 1） = 0；

s_ v + （1 – p_ sigmaq） * ch + （ – （1 – p_ sigmaq） * （p_ theta
– （1 – p_ theta） * p_ m/ （1 – p_ m + p_ x）） – （p_ theta/p_ m
+ （ （1 – p_ theta） * p_ m/ （1 – p_ m + p_ x） ^2） / （ （p_ theta/
p_ m – （ （1 – p_ theta） / （1 – p_ m + p_ x）））））） * mh – （ （ （1
– p_ sigmaq） * （1 – p_ theta） * p_ x/ （1 – p_ m + p_ x） – （1
– p_ theta） * p_ x/ （1 – p_ m + p_ x） ^2） / （p_ theta/p_ m –
（ （1 – p_ theta） / （1 – p_ m + p_ x）））） * x + （ – （1 – p_
sigmaq） * （log （p_ m） – log （1 – p_ m + p_ x）） + （1 + p_
x） / （p_ theta * （1 + p_ x） – p_ m）） * p_ theta * s_ theta – （2
– p_ sigmaq） * mb – （ – lambdaz + Rah + （p_ taud/ （1 – p_
taud））） * s_ taud = 0；

#sig = p_ beta * p_ v * （1 – p_ theta） * （p_ c * （1/p_ m） ^p_
theta） ^ （1 – p_ sigmaq） * （1/ （1 – p_ m + p_ x）） ^ （1 + （1 – p
_ sigmaq） * （1 – p_ theta）） * （1/p_ mb） ^ （2 – p_ sigmaq）；

（sig * （1 – p_ sigmaq） / （p_ Pi * p_ muz）） * ch （ + 1） – （sig/
（p_ Pi * p_ muz）） * （p_ theta * （1 – p_ sigmaq） + （ （1 – p_
theta） * （1 – p_ sigmaq） + 1） * p_ m/ （1 – p_ m + p_ x）） * mh
（ + 1） – （sig * （2 – p_ sigmaq） / （p_ Pi * p_ muz）） * mb （ +
1） + （p_ beta/ （p_ Pi * p_ muz）） * p_ lambdaz * （1 + （1 – p_
taud） * p_ Rah） * lambdaz （ + 1） + （p_ beta/ （p_ Pi * p_
muz）） * p_ lambdaz * （1 – p_ taud） * p_ Rah * Rah （ + 1） + p_
lambdaz * Pi （ + 1） – p_ lambdaz * lambdaz + （sig/ （p_ Pi * p_
muz）） * s_ v （ + 1） – （sig/ （p_ Pi * p_ muz）） * （p_ theta/
（1 – p_ theta） + （1 – p_ sigmaq） * （log （p_ m） * p_ theta –

$(1 - p\_ \text{sigmaq}) * (\log (1 - p\_ m + p\_ x) * p\_ \text{theta}))) * s\_$
$\text{theta} (+1) - (\text{sig}/ (p\_ Pi * p\_ \text{muz})) * (((1 - p\_ \text{theta}) *$
$(1 - p\_ \text{sigmaq}) +1) * p\_ x/ (1 - p\_ m + p\_ x)) * x (+1) -$
$(p\_ \text{beta}/ (p\_ Pi * p\_ \text{muz})) * p\_ \text{lambdaz} * p\_ \text{taud} * p\_ Rah * s\_$
$\text{taud} (+1) - p\_ \text{lambdaz} * s\_ \text{muz} (+1) = 0;$

$p\_ \text{uzc} * \text{uzc} - p\_ v * p\_ c^{\wedge} (- p\_ \text{sigmaq}) * ((1/p\_ \text{mb}) * (1 -$
$p\_ m)\ ^{\wedge} p\_ \text{theta} * (1/ (1 - p\_ m + p\_ x))\ ^\wedge (1 - p\_ \text{theta})\ ^\wedge (1$
$- p\_ \text{sigmaq}) * (s\_ v - p\_ \text{sigmaq} * \text{ch} + (1 - p\_ \text{sigmaq}) * (-$
$\text{mb} - p\_ \text{theta} * \text{mh} - (1 - p\_ \text{theta}) * ((p\_ m/ (1 - p\_ m + p\_$
$x)) * \text{mh} + (p\_ x/ (1 - p\_ m + p\_ x)) * x)) + (1 - p\_ \text{sigmaq})$
$* (\log (1/p\_ m) - \log (1/ (1 - p\_ m + p\_ x))) * p\_ \text{theta} * s\_$
$\text{theta}) - (1 + p\_ \text{tauc}) * p\_ \text{lambdaz} * ((p\_ \text{tauc}/ (1 + p\_ \text{tauc}))$
$* s\_ \text{tauc} + \text{lambdaz}) = 0;$

$\#p\_ \text{bw} = (p\_ \text{sigmal} * p\_ \text{lambdaomega} - 1 + p\_ \text{lambdaomega}) /$
$((1 - p\_ \text{xiw}) * (1 - p\_ \text{xiw} * p\_ \text{beta}));$

$p\_ \text{bw} * p\_ \text{xiw} * \text{wh} (-1) + (- p\_ \text{bw} * (1 + p\_ \text{beta} * p\_ \text{xiw}^2)$
$+ p\_ \text{sigmal} * p\_ \text{lambdaomega}) * \text{wh} + p\_ \text{bw} * p\_ \text{xiw} * p\_ \text{beta} * \text{wh}$
$(+1) + p\_ \text{bw} * p\_ \text{xiw} * Pi (-1) + p\_ \text{bw} * p\_ \text{xiw} * (1 + p\_$
$\text{beta}) * Pi + p\_ \text{bw} * p\_ \text{xiw} * p\_ \text{beta} * Pi (+1) - p\_ \text{sigmal} * (1$
$- p\_ \text{lambdaomega}) * \text{lh} + (1 - p\_ \text{lambdaomega}) * (\text{lambdaz} -$
$(p\_ \text{taul}/ (1 - p\_ \text{taul}))) * s\_ \text{taul} - (1 - p\_ \text{lambdaomega}) * s\_$
$\text{zeta} = 0;$

//总量约束

$\#\text{cy} = p\_ c/ (p\_ y + p\_ \text{phi} + p\_ d);$

$\#\text{gy} = p\_ g/ (p\_ y + p\_ \text{phi} + p\_ d);$

$\#\text{dy} = p\_ d/ (p\_ y + p\_ \text{phi} + p\_ d);$

\#vy = p_ v/ (p_ y + p_ phi + p_ d);

\#uy = p_ rk * p_ kf/ (p_ muz * (p_ y + p_ phi + p_ d));

\#ky = p_ kf/ (p_ y + p_ phi + p_ d);

dy * ((p_ gomegad/p_ gomega) * p_ omega * omega + (p_ Rk/ (1 + p_ Rk)) * Rk + q (−1) + kf − s_ muz − Pi) + uy * uf + gy * s_ g + cy * ch + (ky * p_ i/p_ kf) * i + p_ bigtheta * (1 − p_ gama) * vy * s_ v − p_ alpha * (uf − s_ muz + kf + vk) − (1 − p_ alpha) * (lh + vl) − s_ epsilonf = 0;

kf − ((1 − p_ delta) /p_ muz) * (kf (−1) − s_ muz) − (p_ i/p_ kf (−1)) * i = 0;

% mb + (p_ x/ (1 + p_ x)) * x − Pi (+1) − s_ muz (+1) − mb (+1) = 0;

mb (−1) + (p_ x/ (1 + p_ x)) * x (−1) − Pi − s_ muz − mb = 0;

//货币政策

x = s_ xp;

//其他变量

% p_ y * y = p_ wh * p_ v * p_ lh * (wh + lh + s_ v) + p_ Pi * p_ rk * p_ v * p_ kf * (Pi + rk + s_ v + kf) + p_ psil * p_ R * p_ wh * p_ v * p_ lh * (wh + lh + s_ v + R + s_ psil) + p_ psik * p_ R * p_ Pi * p_ rk * p_ v * p_ kf * (Pi + rk + s_ v + kf

% + R + s_ psik);

p_ y * y = p_ c * ch + p_ i * i + p_ g * g;

g = y;

//冲击变量

s_ lambdaf = rou_ lambdaf * s_ lambdaf (−1) + e_ lambdaf;

```
s_ tau = rou_ tau * s_ tau （ -1） + e_ tau;

s_ psil = rou_ psil * s_ psil （ -1） + e_ psil;

s_ psik = rou_ psik * s_ psik （ -1） + e_ psik;

s_ xi = rou_ xi * s_ xi （ -1） + e_ xi;

s_ xb = rou_ xb * s_ xb （ -1） + e_ xb;

s_ taut = rou_ taut * s_ taut （ -1） + e_ taut;

s_ theta = rou_ theta * s_ theta （ -1） + e_ theta;

s_ taud = rou_ taud * s_ taud （ -1） + e_ taud;

s_ taul = rou_ taul * s_ taul （ -1） + e_ taul;

s_ tauk = rou_ tauk * s_ tauk （ -1） + e_ tauk;

s_ zeta = rou_ zeta * s_ zeta （ -1） + e_ zeta;

s_ g = rou_ g * s_ g （ -1） + e_ g;

s_ v = rou_ v * s_ v （ -1） + e_ v;

s_ omegae = rou_ omegae * s_ omegae （ -1） + e_ omegae;

s_ muz = rou_ muz * s_ muz （ -1） + e_ muz;

s_ gama = rou_ gama * s_ gama （ -1） + e_ gama;

s_ epsilonf = rou_ epsilonf * s_ epsilonf （ -1） + e_ epsilonf;

% s_ xp = rou_ xp * s_ xp （ -1） + e_ xp;

s_ xp = rou_ xp * s_ xp （ -1） + rou_ y * y - rou_ Pi * Pi + e_ xp;

% s_ xp = rou_ xp * s_ xp （ -1） + rou_ lambdaf1 * s_ theta - rou_ Pi
* Pi + e_ xp;

s_ tauc = rou_ tauc * s_ tauc （ -1） + e_ tauc;

end;

//内生变量的初值

initval;

Pi = 0;
```

s = 0;

rk = 0;

i = 0;

uf = 0;

omega = 0;

Rk = 0;

n = 0;

q = 0;

vl = 0;

ev = 0;

mb = 0;

R = 0;

uzc = 0;

lambdaz = 0;

mh = 0;

Rah = 0;

ch = 0;

wh = 0;

lh = 0;

kf = 0;

Re = 0;

x = 0;

s_ lambdaf = 0;

s_ tau = 0;

s_ psil = 0;

s_ psik = 0;

```
s_ xi = 0;

s_ xb = 0;

s_ taut = 0;

s_ theta = 0;

s_ taud = 0;

s_ taul = 0;

s_ tauk = 0;

s_ zeta = 0;

s_ g = 0;

s_ v = 0;

s_ omegae = 0;

s_ muz = 0;

s_ gama = 0;

s_ epsilonf = 0;

s_ xp = 0;

s_ tauc = 0;

end;


//

steady;

check;


shocks; //冲击的定义

% var e_ lambdaf = 0.01;

% var e_ tau = 0.01;

% var e_ psil = 0.01;
```

```
% var e_ psik = 0. 01 ;

% var e_ xi = 0. 01 ;

% var e_ xb = 0. 01 ;

% var e_ taut = 0. 01 ;

var e_ theta = 0. 01 ;

% var e_ taud = 0. 01 ;

% var e_ taul = 0. 01 ;

% var e_ tauk = 0. 01 ;

% var e_ zeta = 0. 01 ;

% var e_ g = 0. 09 ;

% var e_ v = 0. 01 ;

% var e_ omegae = 0. 01 ;

% var e_ muz = 0. 01 ;

% var e_ gama = 0. 01 ;

% var e_ epsilonf = 0. 01 ;

% var e_ xp = 0. 01 ;

% var e_ tauc = 0. 01 ;

% var e_ g, e_ xp = phi * 0. 00001 ;

% var e_ xp, e_ g = phi * 0. 09 ;


end ;
//模拟
stoch_ simul ( irf = 100 ) ;
```

参考文献

［1］王广谦、应展宇、江世银，2008，《中国金融改革：历史经验与转型模式》，中国金融出版社。

［2］巴曙松，2007，《观察流动性过剩的国际视角》，《中国金融》第20期。

［3］卞志村，2004，《我国货币政策外部时滞的经验分析》，《数量经济技术经济研究》第3期。

［4］卞志村、管征，2005，《最优货币政策规则的前瞻性视角分析》，《金融研究》第9期。

［5］布兰查德、费雪著、刘树成等译，1998，《宏观经济学（高级教程)》，经济科学出版社。

［6］陈昆亭、龚六堂，2006，《粘滞价格模型以及对中国经济的数值模拟》，《数量经济技术经济研究》第8期。

［7］陈彦斌，2008，《中国新凯恩斯菲利普斯曲线研究》，《经济研究》第12期。

［8］范从来，2000，《菲利普斯曲线与我国现阶段的货币政策目标》，《管理世界》第6期。

［9］高铁梅主编，2007，《计量经济学分析方法与建模——EViews应

用及实例》，清华大学出版社。

[10] 贺云松，2010，《利率规则的福利成本及对我国货币政策的启示——基于新凯恩斯 DSGE 模型的分析》，《华东经济管理》，2010 年 2 月，第 24 卷第 2 期。

[11] 黄先开、邓述慧，2000，《货币政策中性与非中性的实证研究》，《管理科学学报》第 6 期。

[12] 黄志刚，2009，《加工贸易经济中的汇率传递：一个 DSGE 模型分析》，《金融研究》第 11 期。

[13] 霍丛丛、赵昌蚌，2008，《关于我国中央银行独立性的思考》，《华商》第 21 期。

[14] 李春吉、孟晓宏，2006，《中国经济波动——基于新凯恩斯注意垄断竞争模型分析》，《经济研究》第 10 期。

[15] 李新新，2010，《关于非常规货币政策的三次理论讨论》，《金融发展评论》第 1 期。

[16] 李雪松，2008，《高级经济计量学》，中国社会科学出版社。

[17] 李雪松、王秀丽，2011，《工资粘性、经济波动和政策模拟》，《数量经济与技术经济研究》，2011 年 11 期。

[18] 李扬、王国刚编著，2008，《中国金融改革开放 30 年研究》，经济管理出版社。

[19] 林毅夫、姜烨，2006，《经济结构、银行业结构与经济发展——基于分省面板数据的实证分析》，《金融研究》第 1 期。

[20] 刘斌，2001，《货币政策冲击的识别及我国货币政策有效性的实证分析》，《金融研究》第 7 期。

[21] 刘斌，2006，《稳健的最优简单货币政策规则在我国的应用》，《金融研究》第 4 期。

[22] 刘斌，2008，《我国 DSGE 模型的开发及在货币政策分析中的

应用》,《金融研究》第 10 期。

[23] 刘伟,2007,《论中国宏观经济调控中的货币政策》,《西南金融》第 5 期。

[24] 刘卫东、晏艳阳,2010,《流动性预警:模型、方法与检验》,《广东金融学院学报》第 4 期。

[25] 刘尧成、刘晓萍,2010,《消费替代弹性、经济开放与中国经济外部失衡》,《统计研究》第 4 期。

[26] 刘尧成、徐小萍,2010,《供求冲击与我国经济外部失衡——基于 DSGE 两国模型的模拟分析》,《财经研究》第 36 卷第 3 期。

[27] 刘远征,2009,《货币供应传达对 CPI 的滞后性研究》,《统计与决策》第 18 期。

[28] 陆军、舒元,2002,《研究货币政策无效性命题在中国的实证研究》,《经济研究》第 3 期。

[29] 陆军、钟丹,2003,《泰勒规则在中国的协整检验》,《经济研究》第 8 期。

[30] 彭兴韵,2007,《流动性、流动性过剩和货币政策》,《经济研究》第 11 期。

[31] 仝冰,2010,《货币、利率与资产价格》,北京大学博士论文。

[32] 钱小安,2007,《流动性过剩与货币调控》,《金融研究》第 8 期。

[33] 盛松成、吴培新,2008,《中国货币政策的二元传导机制——"两中介目标、两调控对象"模式研究》,《经济研究》第 10 期。

[34] 石柱鲜、黄红梅、石庆华,2004,《关于中国潜在 GDP 与景气波动、通货膨胀率的经验研究》,《世界经济》第 8 期。

[35] 苏良军,2007,《高等数理统计》,北京大学出版社。

[36] 万解秋、徐涛,2001,《货币供给的内生性与货币政策的效

率——兼评我国当前货币政策的有效性》,《经济研究》第 3 期。

[37] 王大树,1995,《对货币时滞的测算与分析》,《经济研究》第 3 期。

[38] 王君斌,2010,《通货膨胀惯性、产出波动于货币政策冲击——基于刚性价格模型的通货膨胀和产出的动态分析》,《世界经济》第 3 期。

[39] 王君斌、王文甫,2010,《非完全竞争、技术冲击和中国劳动就业》,《管理世界》第 1 期。

[40] 王君斌、薛鹤翔,2010,《扩张性货币政策能刺激就业吗?——刚性工资模型下的劳动力市场动态分析》,《统计研究》第 6 期。

[41] 王文甫,2010,《价格粘性、流动性约束与中国财政政策的宏观效应——动态新凯恩斯主义视角》,《管理世界》第 9 期。

[42] 王宪勇,2008,《DSGE 模型的估计:ML 和 GMM 方法》,《生产力研究》第 20 期。

[43] 王小鲁、樊纲,2000,《我国工业增长的可持续性》,经济科学出版社。

[44] 王秀丽、李雪松、张巍巍、蒋昇,2012,《中国财政货币政策及其协同效应的 DSGE 模型分析》,《数量经济研究》第 1 辑。

[45] 魏杰,2007,《探求流动性过剩的化解之道》,《中国金融》第 17 期。

[46] 夏斌、廖强,2001,《货币供应量已不宜作为当前我国货币政策的中介目标》,《经济研究》第 8 期。

[47] 谢平、罗雄,2002,《泰勒规则及其在中国货币政策中的检验》,《经济研究》第 3 期。

［48］谢平、袁沁，2003，《我国今年利率政策的效果分析》，《经济研究》第 5 期。

［49］许振明、洪荣彦，2008，《新凯恩斯 DSGE 模型与货币政策法则之汇率动态分析》，《广东金融学院学报》第 23 卷第 3 期。

［50］姚斌，2007，《人民币汇率制度选择的研究——基于福利的数量分析》，《经济研究》第 11 期。

［51］易纲，2001，《中国货币政策框架》，货币政策操作国际研讨会，中国苏州。

［52］易纲，2009，《中国金融改革思考录》，商务印书馆。

［53］张军，2002，《资本形成、工业化与经济增长：中国的转轨特征》，《经济研究》第 6 期。

［54］张五常，《从本文制度的延伸说货币下锚的理想》，http：//blog. 163. com/s_ cheung/blog/static/116675252011868202020962

［55］张雪春，2007，《流动性过剩：现状分析与政策建议》，《金融研究》第 8 期。

［56］张延群，2010，《从 M_1、M_2 的内、外生性分析我国货币政策中介目标的选择——解读央行货币政策中介目标调整的含义》，《金融评论》第 5 期。

［57］张屹山、张代强，2007，《前瞻性货币政策反应函数在我国货币政策中的检验》，《经济研究》第 3 期。

［58］张屹山、张代强，2008，《包含货币因素的利率规则及其在我国的检验》，《经济研究》第 12 期。

［59］赵博、雍家胜，2004，《菲利普斯曲线研究在中国的实证分析》，《管理世界》第 9 期。

［60］赵文生、谭建立、杨深，2011，《流动性过剩测度的理论探讨和实证分析》，《山西财经大学学报》第 10 期。

［61］赵文生、谭建立、杨深，2011，《流动性过剩测度的理论探讨和实证分析》，《山西财经大学学报》第 10 期。

［62］周业安、赵坚毅，2005，《我国金融市场化的测度、市场化过程和经济增长》，《金融研究》第 4 期。

［63］Altug, S. 1989. "Time-to-Build and Aggregate Fluctuations: Some New Evidence". *International Economic Review* 30（4）.

［64］Bernanke, B. S. and M. Gertler, et al. 1999. "The Financial Accelerator in a Quantitative Business Cycle Framework", *Handbook of Macroeconomics* 1.

［65］Bernanke, B. S. and T. Laubach, et al. 2001. "Inflation Targeting: Lessons from the International Experience". *Princeton Univ Pr.*

［66］Burdekin, R. C. K., Siklos, P. L. 2008. "What Has Driven Chinese Monetary Policy Since the 1990s? Investigating the People's Bank's Policy Rule". *Journal of International Money and Finance* 27（5）.

［67］Burdekin, R. C. K., Siklos, P. L. 2005, "What Has Driven Chinese Monetary Policy Since 1990? Investigating People's Bank's Policy Rule". East-West Center Working Paper 85.

［68］Calvo, G. A. 1983. "Staggered Price in A Utility-Maximizing Framework". *Journal of Monetary Economics* 12.

［69］Campbell, J. Y. 1994. "Inspecting the Mechanism: An Analytical Approach to the Stochastic Growth Model". *Journal of Monetary Economics* 33.

［70］Chen N. K. and Cheng H. L. 2010. "Asset Price and Monetary Policy: the Effect of Expectation Formation".

［71］Christiano, L. and C. L. Ilut, et al. 2010. Monetary Policy and Stock Market Booms, National Bureau of Economic Research.

[72] Christiano, L. J. , Terry J. Fitzgerald 1999. The Band Pass Filter, NBER Working Papers, 7257.

[73] Christiano, Lawrence, Roberto Motto and Massimo Rostagno, M. 2002. "Banking and Financial Frictions in a Dynamic General Equilibrium Model". Manuscript, Northwestern University.

[74] Christiano, L. J. and Eichenbaum, M. 1992. "Current Real Business Cycle Theories and Aggregate Labor Market Fluctuations". *American Economic Review* 82.

[75] Christiano, L. J. , Eichenbaum, M. and C. L. Evans. 2005. "Nominal Rigidities and the Dynamic Effects of a Shock to Monetary Policy". *Journal of Economic Dynamics and Control* 32.

[76] Clarida, R. , Gali, J. , Gertler, M. , 1998. "Monetary Policy Rules in Practice: Some International Evidence ". *European Economic Review* 42.

[77] Clarida, R. , Gali, J. , Gertler, M. . 1998. "Monetary Policy Rules in Practice: Some International Evidence". *European Economic Review* 42.

[78] DeJong, D. N. , Ingram, B. F. and Whiteman, C. H. 2000. " A Bayesian Approach to Dynamic Macroeconomics ". *Journal of Econometrics* 98.

[79] Erceg, C. J. , Henderson, D. W. , and Levin, A. T. 2000. "Optimal Monetary Policy with Staggered Wage and Price Contracts". *Journal of Monetary Economics* 46 (2).

[80] Fahr, S. and R. Motto, et al. 2010. "A Monetary Policy Strategy in Good and Bad Times: Lessons from the Recent Past".

[81] Fan Longzhen and Johansson A. C. 2010. "China's Official Rates and Bond Yields". *Journal of Banking & Finance* 34.

［82］ Friedman, M. 1948. " A Monetary and Fiscal Framework for Economic Stability". *The American Economic Review* 38 （3）.

［83］ Frisch, R. 1933. "Propagation Problems and Impulse Problems in Dynamic Economics ". *In Economic Essays in Honor of Gustav Cassel.* 2nd edition, London: Alle and Unwin.

［85］ Fuhrer, J. 2000. " Habit Formation in Consumption and Its Implications for Monetary-Policy Models ". *American Economic Review* 90 （3）.

［85］ Gertler, Mark and Karadi, Peter 2009. *A Model of Unconwentional Monetary Policy*, unpublished, New York University.

［86］ Goodhart, C. A. E. and J. Vinals 1994. *Strategy an Tactics of Monetary Policy: Examples from Europe and the Antipodes*, Federal Reserve Bank of Boston.

［87］ Greenberg, E. 2008. *Introduction to Bayesian Econometrics*, Cambridge University Press, New York.

［88］ Hall, P. , 1992. *The Bootstrap and Edgeworth Expansion*, Spring＿ Verlag, New York.

［89］ Hamilton, J. D. , 1994. *Time Series Analysis*, Princeton University Press, Princeton, New Jersey.

［90］ Karagedikli, Matheson, Smith, and Vahey 2008. *RBCs and DSGEs: The Computational Approach to Business Cycle Theory and Evidence*, Working Paper.

［91］ King, R. G. and Rebelo, S. T. 1999. "Resuscitating Real Business Cycle". In Taylor J. B. and Woodford, M. （eds）. *Handbook of Macroeconomics*, vol. 1B, Amesterdam: Elsevier Science North-Holland.

[92] King, R. G., Plosser, C. I., and Rebelo, S. T. 1988. "Production, Growth and Business Cycle: The Basic Neoclassical Model". *Journal of Monetary Economics* 21(2－3).

[93] Kydland, F. E. and E. C. Prescott 1977. "Rules Rather Than Discretion: The Inconsistency of Optimal Plans". *The Journal of Political Economy.*

[94] Kydland, F. E., Prescott, E. C. 1991. "Hours and Employment Variation in Business Cycle Theory". *Economic Theory*, Jan 63－81.

[95] Kydland, F. E., Prescott, E. C. 1992. "Classical Competitive Analysis of Economies With Islands". *Journal of Economic Theory* 57 (1).

[96] Kydland, F. E., Prescott, E. C. 1996. "The Computational Experiment: An Econometric Tool". *The Journal of Economic Perspectives* 10 (1).

[97] Kydland, F. E., Prescott, E. C. 1982. "Time to Build and Aggregate Fluctuations". *Econometrica* 50 (6).

[98] Leeper, E. M. 1994. *Has the Romer's Narrative Approach Identified Monetary Policy Shocks?*, Mimeo, Federal Reserve Bank of Atlanta, Spetember.

[99] Leeper, E. M., Christopher A. Sims, and Tao Zha. 1996. "What Does Monetary Policy Do?". *Brookings Papers on Economic Activity* 2.

[100] Li-gang Liu and Wenlang Zhang 2010. "A New Keynesian Model for Analyzing Monetary Policy in Mainland China". *Journal of Asian Economics.*

[101] Linde, J. 2005. "Estimating New-Keynesian Phillips Curves: A Full

Information Maximum Likelihood Approach". *Journal of Monetary Economics* 52.

[102] Liu, L., Zhang, W. 2007. "A Model Based Approach to Monetary Policy Analysis for China", Hong Kong Monetary Authority Working Paper, 18.

[103] Lucas, Jr. R. E. 1972. "Expectation and the Neutrality of Money". *Journal of Economic Theory* 4.

[104] Lucas, Jr. R. E. 1973. "Some International Evidence on Output-Inflation Tradeoffs". *American Economic Review* 63.

[105] McCallum, B. and Nelson, E. 1998. "Nominal Income Targeting in an Open-Economy Optimizing Model". National Bureau of Economic Research Working Paper number 6675.

[106] McCallum, B. T. 1997. "Issues in the Design of Monetary Policy Rules". NBER Working Paper No. 6016.

[107] McGrattan, E. T. 1994. "The Macroeconomic Effects of Distorionary Taxation". *Journal of Monetary Economics* 33 (3).

[108] McKinnon R. 2006. "Why China Should Keep its Exchange Rate Pegged to the Dollar: A Historical Perspective from Japan".

[109] Mehrotra A. N. 2007. "Exchange and Interest Rate Channels During a Deflationary Era—Evidence from Japan, Hong Kong and China". *Journal of Comparative Economics* 35 (1).

[110] Mervyn King 2004. "The Institutions of Monetary Policy". *The American Economic Review* 94 (2).

[111] Minshkin, F. S. and K. Schmidt-Hebbel. 2001. "One Decade of Inflation Targeting in the World: What Do We Know and What Do We Need to Know?", NBER Working Paper No. 8397.

[112] Otrok, S. 2001. "Spectral Welfare Cost Functions". *International Economic Review* 42 (2).

[113] Prescott, E. C. 1986. "Theory Ahead of Business-Cycle Measurement". Carnegie Rochester Conferennce Series on Public Policy 25.

[114] Rebelo, S. 2005. "Real Business Cycle Models: Past, Present and Future". *Scandinavian Journal of Economics* 107.

[115] Robertson, D. H. 1915. *A Study of Industrial Fluctuation*. London: King and Son Ltd, reprinted 1948.

[116] Romer, C. D., Romer D. H. 1989. "Does Monetary Policy Matter? A New Test in the Spirit of Friedman and Schwartz", In Blanchard, O. J., Fisher. S. (EDs.), NBER Macroeconomics Annual, MIT Press, Cambridge, MA.

[117] Romer, D. 2006. *Advanced Macroeconomics*. New York: McGraw-Hill.

[118] Rotemberg, J., Michael Woodford. 1997. "An Optimization- Based Econometric Framework for the Evaluation of Monetary Policy". NBER Chapters, *NBER Macroeconomics Annual* 12, National Bureau of Economic Research, Inc.

[119] Schorfheide, F. 2000. "Loss Function-based Evaluation of DSGE Models". *Journal of Applied Econoetrics* 15.

[120] Schorfheide, F. 2010. "Estimation and Evaluation of DSGE Models: Progress and Chanllenges". Paper Presentation on the Econometric Society World Congress 2010.

[121] Shapiro, M. Mark Watson. 1988. "Sources of Business Cycles Fluctuations". *NBER Macroeconomics Annual* 3.

[122] Sidrauski, M. 1976. "Rational Choice and Patterns of Growth in a

Monetary Economy". *American Economic Review* 57.

［123］Sims, A. C. 1986. "Are Forecasting Models Usable for Policy Analysis?, Quarterly Review". Federal Reserve Bank of Minneapolis.

［124］Sims, C. A. 1980. Macroeconomics and Reality, *Econometrica* 48.

［125］Smets, F. , Wounters, R. 2002. "An Estimated Dynamic Stochastic General Equilibrium Model of the Euro Area". *Journal of the European Economic Association* 1 （5）.

［126］Smets, F. , Wouters, R. 2003. "An Estimated Dynamic Stochastic General Equilibrium Model of the Euro Area" .*Journal of the European Economic Association* 1.

［127］Smets, F. , Wouters, R. 2007. "Shocks and Frictions in U. S. Business Cycle: A Bayesian DSGE Approach". *American Economic Review* 97.

［128］Taylor, J. B. 1993. Discretion Versus Policy Rules in Practice, Carnegie-Rochester Conference Series on Public Policy, 39.

［129］Walsh, C. E. 2010. *Monetary Theory and Policy*, The MIT Press.

［130］Woodford, M. 2003. *Interest and Prices.* Princeton University Press.

［131］Zhang, Wenlang. 2009. "China's Monetary Policy: Quantity Versus Price Rules". *Journal of Macroeconomics* 31 （3）.

后　记

本书是在我的博士毕业论文和博士后出站报告的基础上改编而成的，从写博士论文开始已有十年了，算是我对当前货币金融理解的一个总结和认识。

自 2009 年攻读博士学位开始，我花费大量的时间和精力去学习 DSGE 模型，从最简单的 RBC 开始，再到新凯恩斯模型，再到金融加速器模型，最后相中了包罗更多金融部门的 CMR。对货币金融感兴趣并想对 DSGE 模型模拟有所了解，却又怯于读英文文献的，不妨从第三章第五节读起，这是一个微型的包含货币金融行业的 DSGE 模型，从模型的假设到最优化、线性化、求解，以及参数赋值都有详尽的介绍。

本书的研究主体是货币政策。从汇率制度的设立角度看，理解货币发行制度、货币政策操作工具和目标的选择是我理顺中国货币政策的开始，希望读者也能有所共鸣。无论中国或者中国政府多想拥有独立的货币政策，在选择固定汇率制度和不断放开资本管制的背景下，我们总看到事与愿违的结果，无他，规律使然。所以我们总会看到，无论宏观经济多需要宽松的货币政策，我们的银行存款准备金率总是居高难下，因为除此之外，没有哪个货币政策工具能对冲由国际收支顺差导致的过剩流动性，与此同时，面对国际收支由顺差转向逆差的过渡时期的货币紧缩。所以本文就模拟了这种无可奈何的选择对经济的影响。

作为经济小国，1994 年以后的中国选择事实上的固定汇率制度尤其必要，因为 1993 年经历了一次较严重的通货膨胀，靠内部的力量很难稳定币值，借助于币值稳定的美元力量，稳定住人民币币值是一个非常合理的选择。如今中国已然成为经济大国，没有哪一国的货币被盯住而不受影响，因此固定汇率制度已经难以为继。所以本书认为未来中国选择浮动汇率制度是必然选择，从固定汇率制度向浮动汇率制度过渡是当前和未来一段时间货币政策面临的最大现实。这个现实下，选择何种原则、选择哪种操作工具以及作为宏观调控手段的财政政策与货币政策的协同效应如何也有了更多的探讨空间。本书在 DSGE 模型的框架下，模拟了以上三个议题的经济效应，供广大读者讨论。

本书的写作过程得到了博士导师李雪松研究员和博士后合作导师张其仔研究员的指导和启发；图书出版得到了社会科学文献出版社皮书分社社长邓泳红老师和编辑吴云苓的大力支持和耐心校对，在此深表感谢，当然文责自负。最后感谢一直陪伴我的家人，你们的关心和支持让我有信心和勇气从事研究工作，进而有了本书的诞生。

王秀丽

2018 年 10 月 2 日

图书在版编目（CIP）数据

基于 DSGE 模型的中国货币政策效应分析 / 王秀丽著
. -- 北京：社会科学文献出版社，2018.10
ISBN 978 - 7 - 5201 - 3582 - 5

Ⅰ.①基… Ⅱ.①王… Ⅲ.①货币政策 - 研究 - 中国
Ⅳ.①F822.0

中国版本图书馆 CIP 数据核字（2018）第 227395 号

基于 DSGE 模型的中国货币政策效应分析

著　　者 / 王秀丽

出 版 人 / 谢寿光
项目统筹 / 邓泳红　吴　敏
责任编辑 / 吴　敏　吴云苓

出　　版 / 社会科学文献出版社·皮书出版分社（010）59367127
　　　　　　地址：北京市北三环中路甲 29 号院华龙大厦　邮编：100029
　　　　　　网址：www. ssap. com. cn
发　　行 / 市场营销中心（010）59367081　59367083
印　　装 / 三河市尚艺印装有限公司

规　　格 / 开本：787mm × 1092mm　1/16
　　　　　　印　张：14.5　字　数：190 千字
版　　次 / 2018 年 10 月第 1 版　2018 年 10 月第 1 次印刷
书　　号 / ISBN 978 - 7 - 5201 - 3582 - 5
定　　价 / 79.00 元